Heinrich Winkelmann
Ein deutsches und christliches Leben
1892 – 1944

Günter Brakelmann

Evangelische Perspektiven
Schriftenreihe der Evangelischen Kirche in Bochum
in Zusammenarbeit mit der Evangelischen Stadtakademie Bochum

Weitere Informationen im Internet unter
www.stadtakademie.de/publikationen/ev-perspektiven.html

Heft 18:
Günter Brakelmann
Heinrich Winkelmann
Ein deutsches und christliches Leben
1892 – 1944

Herausgegeben von Arno Lohmann
ISBN 9783751958349

Evangelische Kirche in Bochum
Westring 26a, D-44787 Bochum
Telefon 0234 - 962 904-0
http://www.kirchenkreis-bochum.de

Das vorliegende Heft ist zu beziehen bei:
Evangelische Stadtakademie Bochum
Westring 26a, D-44787 Bochum
Telefon 0234- 962904-661
office.stadtakademie@kk-ekvw.de
http://www.stadtakademie.de

Heinrich Winkelmann
Ein deutsches und christliches Leben
1892 – 1944

Günter Brakelmann

Herausgegeben von
Arno Lohmann

Verlag Books on Demand GmbH, Norderstedt

Bibliografische Information der Deutschen Bibliothek:
Die Deutsche Bibliothek verzeichnet diese Publikation in der Deutschen Nationalbibliografie;
detaillierte bibliografische Daten sind im Internet unter www.dnb.de abrufbar.

1. Auflage Juli 2020
© beim Herausgeber
Redaktion: Arno Lohmann
Gestaltung: Q3 design GbR, Dortmund

ISBN 9783751958349

Herstellung und Verlag:
BoD – Books on Demand GmbH
In de Tarpen 42
D-22848 Norderstedt
Telefon (+49) 0 40 - 53 43 35 - 0
Telefax (+49) 0 40 - 53 43 35 - 84
Web: www.bod.de
e-Mail: info@bod.de

Inhalt

Vorwort

Kurz vor dem 8. Mai 2020, dem in Deutschland immer noch ambivalent gesehenen Gedenktag zwischen Niederlage und zum Glück mehr und mehr als Tag der Befreiung von der Nazidiktatur vor 75 Jahren, schickte mir Günter Brakelmann ein Manuskript zu mit der Frage nach einer möglichen Veröffentlichung. Er portraitiert hier Heinrich Winkelmann (1892 bis 1944), den in seiner Jugend hochdekorierten Soldaten im Ersten Weltkrieg, den Kaufmännischen Angestellten im damaligen Bochumer Verein, den CVJM-Vorsitzenden, Presbyter und Familienvater mit vier Kindern, als einen Deutschen und entschiedenen Christen, mit dem besonderen Blick auf sein Christsein und die Bedeutung, die sein entschiedener Glaube an Jesus Christus in der Zeit des Zweiten Weltkriegs für ihn gehabt hat – und welche nicht.

Diese exemplarische religionssoziologische Untersuchung dürfte in dieser Art einzigartig sein. Sie hat mich, 1954 in Siegen geboren und – wie Heinrich Winkelmann – von einem strengen Pietismus geprägt und im dortigen CVJM religiös sozialisiert, tief berührt. Günter Brakelmann schrieb: „Ich habe mich mit einem Mann beschäftigt, der von 1934 – 1944 in Bochum gelebt hat und am 4. November 1944 beim Bombenangriff (auf Bochum) umgekommen ist. Er war ein CVJMer und hat ‚Soldatenbriefe‘ herausgegeben, die mir zugekommen sind. Es ist die Darstellung über einen Deutschen und Christen, der in ähnlicher Form die Mehrheit im kirchlichen Protestantismus repräsentieren dürfte.“

Die hier von Günter Brakelmann veröffentlichten von Heinrich Winkelmann in den Jahren 1940 bis 1944 an seine „Brüder im Glauben“ im Zweiten Weltkrieg geschriebenen zwölf „Soldatenbriefe“ sowie die Sonntagsbriefe an seine Kinder zeigen eine Frömmigkeit, die gerade im pietistischen Lager des kirchlichen Protestantismus viele Anhänger gehabt hat. Dabei sind die Ähnlichkeiten zwischen der hier dargestellten Frömmigkeit im damaligen Bochumer CVJM im Zweiten Weltkrieg und der von mir erlebten pietistischen Frömmigkeit in der Zeit nach dem Krieg im Siegerland frappierend.

Es ist Günter Brakelmann zu verdanken, hier eine außergewöhnliche Studie vorzulegen, die exemplarisch tiefe Einblicke in dieses religiöse und politische Denken einer Gruppe von Christen gibt, die durch den CVJM ihre besondere Prägung erhalten hatte. Für sie war das Zentrum des christlichen Glaubens die Erlösung durch Jesus Christus durch seinen Tod und seine Auferstehung.

Heinrich Winkelmann hat zu dieser entschiedenen Glaubenshaltung irgendwann in der Zeit zwischen dem Ersten und Zweiten Weltkrieg gefunden, durch wen, wann genau und wie, erfahren wir nicht.

Was uns heute erstaunen und unverständlich vorkommen mag, ist die Tatsache, dass für Heinrich Winkelmann, so sehr wie die Nachfolge Jesu Christi im Zentrum seines Glaubens- und Lebensverständnisses stand, gleichzeitig seine politische Parteinahme dem Führer Adolf Hitler galt. Christusnachfolge und Führertreue konnte er ohne Probleme miteinander verschränken. Für viele Christen war diese Verbindung in dieser Zeit durchaus üblich. Die aus der Kaiserzeit stammende Erziehung zum absoluten Gehorsam gegenüber Autoritäten, die unverbrüchliche Treue zu einem einmal geleisteten Eid, verbunden mit einer geradezu inbrünstigen Liebe zu Deutschland als dem Vaterland und einer ebenso herzlichen Liebe zu Jesus Christus, dem Heiland, verbunden mit der Erwartung einer „ewigen Heimat bei ihm" waren die Kennzeichen dieser Frömmigkeit. So haben Heinrich Winkelmann und seine Frau auch ihre Kinder erzogen und unhinterfragt eine entsprechende Haltung und einen ebensolchen Glauben von ihnen erwartet. Es war der Ausdruck ihrer Liebe zu ihnen.

Obwohl Heinrich Winkelmann Parteimitglied war, finden wir trotz seiner Führertreue gleichzeitig eine Zurückhaltung gegenüber der Ideologie des Nationalsozialismus. Darüber erfahren wir von Winkelmann

kein Wort. Er schweigt ebenso über die uns heute bekannten Kriegs-
verbrechen der Wehrmacht und der SS. Ein Schuldbewusstsein als
Soldat ist ihm völlig fremd. Er schweigt über die Ermordungen der
Verfolgten des Nationalsozialismus –, und obwohl er mit jüdischen Familien bekannt war, findet sich kein Wort zum Holocaust an den Juden.

Es steht außer Frage, dass Winkelmann in der Zeit des Zweiten
Weltkriegs mit seiner auf Jesus Christus bezogenen Frömmigkeit vielen
Gemeindegliedern und Freunden im CVJM geholfen hat, die Wirren
der Zeit seelisch zu bewältigen. Der Glaube diente aber ausschließlich
der eigenen Erbauung, der Orientierung an Jesus Christus für sich und
andere, nicht aber für die politische Existenz. – Auch mit Schweigen
kann Glaube die Ermöglichung des Unrechts sein.

Es ist Günter Brakelmann zu verdanken diese Frömmigkeit zeit-
historisch exemplarisch darzustellen, ohne zu verurteilen, ohne nach-
trägliche Überheblichkeit und auch ohne die reflexartige Abwehrhaltung,
die oft bei vielen anzutreffen ist, die unter einer allzu strengen Frömmigkeit gelitten haben.

Der hier vorliegende Band verdient aus mehreren Gründen eine
Veröffentlichung: Er stellt über die zeithistorische Darstellung eines
prägenden Teils protestantischer Frömmigkeit hinaus, die Kirche, Gemeinden, CVJMs, wie auch einzelne Christen vor die doppelte Aufgabe:
Einerseits anhaltend nach den biblisch-theologischen Grundlagen des
eigenen Bekenntnisses und Glaubens zu fragen und andererseits – über
die in diesem Band dargestellte Frömmigkeit hinaus –, heute, die sich
aus dem Glauben ergebenden politischen und sozialethischen Konsequenzen bewusst zu machen. Wir kommen nach der Katastrophe des
Nationalsozialismus und seiner menschenverachtenden Ideologie an
Dietrich Bonhoeffers Forderung nicht mehr vorbei: „Nur wer für die
Juden schreit, darf gregorianisch singen." Das gilt für alle Bereiche
unseres Christseins in der Welt. Ein apolitisches Christsein ist ausge-
schlossen.

Ich empfehle dieses Buch allen, die mit offenem Interesse an der Geschichte Deutschlands, zu der eben nicht unwesentlich auch die Kirchen- und Glaubensgeschichte gehört hat und gehört, nach der historischen Entwicklung der Glaubensprofile der Kirche fragen. In Erinnerung an Heinrich Winkelmann ist dieser Band aber gleichzeitig auch die Einladung, die Kraft der Verheißungen des Evangeliums von Jesus Christus heute im eigenen Leben Gestalt werden zu lassen und mit einem Christsein in Verantwortung zu verbinden.

Zu danken ist der Kirchengemeinde Wiemelhausen, in deren Bezirk Melanchthonkirche Heinrich Winkelmann bis 1944 Presbyter war, für ihre Beteiligung an den Druckkosten dieses Bandes.

Bochum, Pfingsten 2020
Arno Lohmann

Einführung

Es gibt über Bischöfe und Präsides, über Männer und Frauen in kirchenleitenden Ämtern und über Theologieprofessoren viel Literatur. Seltener sind schon Biographien von Gemeindepfarrern, Vikarinnen oder Gemeindeschwestern und kaum gibt es eine Erinnerungsliteratur über Gemeindeglieder und Presbyter.

Hier wird der Versuch gemacht, das Leben eines Mannes darzustellen, der als Gemeindemitglied und als Presbyter am kirchlichen Leben und zugleich am nationalen Leben leidenschaftlich teilgenommen hat. Mich interessierte, wie ein nichtakademischer Laientheologe sein Leben in seiner Zeit interpretiert hat. Ich will ihn verstehen und darstellen als ein Mensch, der sich als Preuße, Deutscher und Protestant verstanden hat, als Frontsoldat am Ersten Weltkrieg teilgenommen und im Zweiten Weltkrieg in engstem Kontakt zu älteren Freunden und zu jüngeren Soldaten aus dem CVJM Bochum gestanden hat. Jedes schnelle Urteil oder gar seine Verurteilung aus heutiger Sicht liegt mir fern. Es geht um eine verstehende Geschichtsschreibung, die die problematischen Seiten seines Denkens aber nicht verschweigt.

Möglich war dieses Unterfangen nur, weil ich den vorhandenen Nachlass des Heinrich Winkelmann von seiner Tochter Edith und ihrem Mann Horst Bartel einsehen konnte. Sie beide hatten vor Jahren für sich und ihre Familien Material über den Vater und Schwiegervater zusammengetragen und auch eine kurze biographische Abhandlung über die Familie Winkelmann geschrieben. Im engen Kontakt zu ihnen habe ich mich bemüht, diesen Mann in die Mitte einer kleinen Studie zu stellen.

Ich bedanke mich bei dem mit mir seit Jahrzehnten befreundeten Ehepaar Edith und Horst Bartel für die freundschaftliche Begleitung bei der Erstellung dieser kleinen zeitgeschichtlichen Studie.

Wenn viel zitiert wird, so ist das Absicht. Das Denken und Fühlen, die Ängste und das Leiden der Zeitgenossen wie ihr Glauben und ihre Hoffnung werden uns zur Begegnung mit ihnen, wenn wir auf sie selbst in ihren schriftlichen Äußerungen genau und einfühlsam hören.

Bochum im Frühjahr 2020
Günter Brakelmann

Heinrich Winkelmann (1892 – 1944)

Als Soldat im Ersten Weltkrieg

Heinrich Winkelmanns Heimat war der kleine Ort Homberg-Hochheide am linken Niederrhein, der zur Kreisstadt Moers gehörte. Am 14. März 1892 kam er hier als Sohn der Eheleute Dietrich (1855-1941) und Helene Winkelmann (1855-1926) zur Welt. Der Vater war Magazinarbeiter. In dem Arbeiterhaushalt ist er zusammen mit den beiden Schwestern Dina und Katharina groß geworden. Er besuchte die Volksschule bis 1906 und ging dann in eine Kaufmännische Berufsausbildung. Vorher nahm er zwei Jahre am Konfirmandenunterricht teil. Ob er damals besondere kirchliche Bindungen gehabt hat, ist nicht mehr auszumachen. Über seine Lehrzeit und seine anschließende Berufstätigkeit wissen wir auch wenig. Welchen geistigen und pädagogischen Einflüssen war er ausgesetzt, und war er vielleicht in der Jugendarbeit der evangelischen Gemeinde?

Der erste größere Einschnitt in seinem jungen Leben war die Einberufung zum Militär. Vom 15. Oktober 1912 an, also mit 20 Jahren, diente er beim 2. Garde-Feldartillerie-Regiment in Potsdam. Hier erhielt er in der Kaserne und auf dem bekannten Truppenübungsplatz Döberitz seine Ausbildung als Artillerist. Von der Potsdamer Kaserne aus fuhr man sechsspännig zum Übungsplatz, um das Schießen zu lernen. Auch der Umgang mit Pferden, die die Geschütze zogen, wurde geübt wie das Reiten. Eine Batterie bestand aus einem Trupp von Soldaten unter dem Befehl des Batteriechefs, aus einem Beobachtungsoffizier und einer Gruppe, die für den Betrieb der Fernsprechanlagen sorgte. Es war technologisch mit der Handhabung eines modernen Geschützes eine anspruchsvolle Ausbildung mit mathematischen und guten Landkarten- und Geländekenntnissen.

Über seine Ausbildungszeit erfahren wir aus zwei Briefen vom 10./11. Dezember und vom 29.4.1913 an die sechs Jahre jüngere Schwester Katharina (Käthe). Ihr berichtet er Anfang Dezember über den harten Kasernendienst, der ihm aber wegen seiner Turnfähigkeiten nicht schwerfalle. Eine angenehme Unterbrechung war der Besuch bei Onkel Peter und dessen Sohn, mit denen zusammen er sich die Sehenswürdigkeiten von Potsdam ansah. Wird das ein Erlebnis gewesen sein: ein rheinischer Junge im Zentrum Preußens und seiner Geschichte. Gesehen hat er auch die Prinzessin Viktoria Luise und vor allem hat er bei der Vereidigung den König und Kaiser selbst gesehen, für einen jungen Preußen, in der Schule und im Beruf zum gehorsamen Untertanen in einem protestantischen Milieu erzogen, ein unvergessliches Erlebnis. Aber er schränkt auch ein, wenn er schreibt:

„Das ist so einiges von dem Guten, was hier ist, leider ist das nur sehr wenig, was hier zu nennen ist. Oft denke ich noch daran, wie gut es doch zu Hause ist, wo Menschen sind, die einen lieb haben. Hier muss man jedem nach den Augen gucken."

Natürlich hat er erlebt, wie anders die Welten zu Hause und beim Militär sind. Selbstverständlich sagt er ja zur Notwendigkeit einer harten militärischen Ausbildung, aber wie fast jeder Soldat sehnt er sich nach der Geborgenheit in der Familie und zum gewohnten sozialen Umfeld zurück. Winkelmann ist zeit seines Lebens bis zu seinem Tode ein „Familienmensch" gewesen. Aus den liebevollen Briefen an seine sechs Jahre jüngere Schwester, die bald eine Lehre in einem Konsum in Moers machte, erfahren wir, dass der Bruder
– die „freie Natur" sucht,
– dass er von der Residenzstadt Potsdam mit ihren historischen Bauten und mit ihrer Kunst begeistert ist,
– dass der Tag mit Exerzieren verbracht wird,
– dass man mit großem Pferdegespann nach Döberitz fährt.

Seine seelische Lage: „Im übrigen gefällt es mir hier ganz gut, wenn es einem hier überhaupt gut gefallen kann." Sein psychologischer Zwiespalt wird überdeutlich.

Als das Deutsche Reich am 1. August 1914 Russland den Krieg erklärte, am 3. August die Kriegerklärung an Frankreich und am 4. August die britische Kriegserklärung an Deutschland kam, war Winkelmann Gefreiter und Geschützführer. Als Feldartillerie war man dem Reserve-

Feldartillerie Regiment 63 innerhalb der 79. Reserve-Division zugeordnet worden. Hin und wieder wurde man auch dem 1. Reserve-Infanterie-Regiment 261 einverleibt.

– Über dies Regiment gibt es eine Kriegsgeschichte, geschrieben von C. von Schwerin und Karl Schmidt aus dem Jahre 1923. In ihr wird sehr genau der Einsatz dieses Regimentes beschrieben. Im Februar 1915 wurde es nach Ostpreußen versetzt, nahm teil an der Winterschlacht in den Masuren, nahm von Ende Februar bis Mitte April und im Sommer 1915 an den Kämpfen in Kurland und in Litauen teil. Es nahm Teil vom 8. bis 18. August an den Kämpfen um Kowno, vom 19. August bis 8. September an der Njemenschlacht und vom 9. bis 25. September an der Schlacht von Wilna und an den Kämpfen um Smorgon, bevor der Bewegungskrieg vom 11. Dezember 1915 bis 18. August 1916 in den Stellungskrieg bei Myssa überging.

Anschließend ging es mit der Bahn über Wilna, Schaulen, Mitau und Tukkum zu einem Einsatz in Kurland vom 19. August bis 2. Dezember 1916. Den längsten Transport erlebt das Regiment dann vom 11. bis 31. Dezember 1916, als es über Warschau, Kalisch, Lissa, Sagan, Halle, Sangershausen, Elberfeld, Aachen, Brüssel nach Ascq, 10 km entfernt von Lille, geht. –

Über die Zeit auf dem östlichen Kriegsschauplatz erfahren wir aus Briefen von Winkelmann sehr wenig. Aus einem Brief vom 28.5.1915 aus Janow an sein „Schwesterchen" Käthe erfahren wir, dass er bei Kalwarya, südwestlich von Kowno, liegt. Er berichtet ganz nüchtern von ihrer Feuerstellung an einem See, den die Soldaten zum vergnüglichen Badeleben benutzen. Sehr genau beschreibt er in allen Einzelheiten seinen Unterstand. Es dürfte verständlich sein, dass er seiner jungen Schwester nicht Kampfszenen beschreibt. Das gehört zum üblichen Briefeschreiben von Soldaten, die in der Regel ihren Briefempfängern nicht die Brutalität des Krieges vermitteln wollen. Als Beispiel für einen zumutbaren Brief an die Eltern, Geschwister und den Schwager (Mann der Schwester Diana) kann der vom 21.6.1915 gelten:

„Über die Gefechtslage wäre ja manches zu berichten. Lebhafte Artillerie-Tätigkeit schon seit langer Zeit. Vorgestern Abend wurde die russische Stellung einige Hundertmeter breit gestürmt und zwar vorgestoßen bis zur 4. Linie. Eine ungeheure Artillerievorbereitung ging der ganzen Sache voraus. Wir verschossen mit drei Schützen 1000 Schuss, ein wahnsinniges Geknalle. Die Verluste unserer Infanterie waren 14 Tote und etwa 50 Verwundete. Die Russen verloren ca. 150 Gefangene, einige Minenwerfer und Maschinengewehre und viele Tote und Verwundete. Nach vollbrachtem Sturm kehrte unsere Infanterie in ihre alten Gräben zurück…"

Im September 1915 bekommt Käthchen einen Brief ihres Bruders aus dem Kriegslazarett Mariampol bei Gumbinnen / Ostpreußen. Warum er dort gelegen hat, wird nicht deutlich. Wahrscheinlich waren es Darmprobleme, mit denen er häufig seine Last hatte. Auf den ersehnten Erholungsurlaub werde er wohl verzichten müssen. Sein Kommentar:
„Man braucht Soldaten an der Front, wie man das jetzt ja auch wohl verstehen kann, und da gehöre ich ja auch eigentlich hin."

Aber im Herbst 1916 bekam er doch Urlaub, wie aus einem Brief an die Familie vom 10. Oktober hervorgeht. Er war zu Hause und dann noch zu einem Besuch in Berlin, bevor er mit dem Zug nach Soly (Ungarn) fuhr, wo er von den Kameraden herzlich empfangen wurde. Die Rückkehr eines Urlaubers bringt immer neuen Gesprächsstoff in die Runde, abgesehen von der Freude, die gute Mitbringsel auslösen.

Am nächsten Tag schreibt er einen weiteren Brief an seine Schwester. Es heißt hier über Berlin nach einem „wunderbaren Geburtstagskaffee in einer jüdischen Familie":
„Eine Kiste Liebesgaben, bestehend aus Büchern aus der Hausbibliothek des Kaisers für die Batterie nahm ich als Passagiergut mit mir."

Aus dem Alltag dessen, der wieder in der „Schützengraben-Beobachtungsstelle" ist und manchmal Langeweile hat, berichtet er von einem Zeitvertreib im Unterstand, nämlich Mäuse zu fangen: „Das ist interessant". Zwischen den Kämpfen gibt es Pausen, die in engsten Unterständen verbracht werden müssen und von den Insassen Disziplin und Kameradschaftlichkeit verlangen.

Der nächste Brief an die Familie kommt nun aus Nordfrankreich in der Nähe von Lille. Die Einheit war zunächst in der Etappe, bevor es an die Front ging. Der Sohn berichtet von Darmbeschwerden, die zu einer kurzen Unterbrechung des Dienstes geführt hatten. Beinahe hätte er einen Mannschaftstransport nach Zossen bei Berlin führen und auf dem Rückweg kurz zu Hause reinschauen können. Aber es kam anders.

Der Brief schließt mit den Sätzen:

„Weihnachten werde ich vermutlich still und friedlich feiern. Die Batteriefeier wird auch wohl nicht so besonders werden, Liebesgaben sind auch so gut wie keine da. Das heißt unsere Feier im engeren Kreis der Kameraden wird deswegen doch sicherlich sehr gemütlich und sehr schön werden."

Den Weihnachtsfeiern mit einem kleinen Tannenbaum und Kerzen galt die besondere Liebe in allen Militäreinheiten. Der gegenseitige Briefverkehr und das Schicken von Päckchen erreichten den Jahreshöhepunkt. Die Post und Feldpost vollbrachte außergewöhnliche Leistungen. Für die Frontkämpfer war das größte Weihnachtsgeschenk, über die Weihnachtstage in der Etappe zu sein und die Ruhe im frischen Stroh und den süßen Kuchen aus der Heimat zu genießen. Am Neujahrstag 1917 schreibt Winkelmann diesen Brief an Schwester Käte:

„…Die ruhige, friedliche, kampflose Zeit geht leider mit dem heutigen Tage zu Ende. Wenn auch der Kampf die rechte Lust des Soldaten sein soll, so freut sich der Soldat doch, wenn er mal für einige Zeit abseits jeglicher Gefahr steht, insbesondere, wenn es in dieser Zeit gilt, liebe alte Feste zu feiern. Weihnachten das Fest der Freude und des Friedens ging vorüber und mit ihm die vielen Friedensnoten, die durch die Welt geflogen sind, und als Resultat stellen wir fest, dass nach wie vor weiter gekämpft wird. Aber die eine Gewissheit, das ist wohl nicht zu viel gesagt, haben wir nun doch, nämlich das Jahr 1917 wird uns den Frieden bringen. Hoffentlich gelingt es uns weiterhin siegreich zu bleiben und dem Gegner noch manchen Schlag zu versetzen, vielleicht sind sie dann eher geneigt, mit uns zu verhandeln … In den letzten Tagen war ich leider nicht ganz gesund, doch heute geht es wieder, übermorgen werden die ersten Engländer aufs Korn genommen…"

So sehr die meisten deutschen Frontsoldaten ihrem Kriegseinsatz für Volk und Vaterland zugestimmt haben und zum Opfer ihres Lebens bereit waren, war doch der Frieden ihre große Sehnsucht. Sie hofften auf eine Politik der Staatsmänner, die den harten und verlustreichen Stellungskrieg mit seinen gelegentlichen Angriffen auf die feindlichen Grabensysteme beenden würden. Friedenssehnsucht ist dort am größten, wo man den Krieg hautnah kennt: an der Front. Ob die Generäle in den Hauptquartieren und die Politiker in ihren Dienstzimmern überhaupt den modernen Materialkrieg gekannt haben? Ob sie bei ihren militärischen und politischen Zielen überhaupt an den Kriegsalltag des gemeinen Mannes gedacht haben? Jedenfalls bleibt die Friedensdeklaration der deutschen Reichsleitung und die Note des amerikanischen Präsidenten Wilson ohne Konsequenzen. Im Gegenteil: die Lage verschärft sich durch die deutsche Erklärung des unbeschränkten U-Boot-Krieges. Die USA erklären schließlich dem Deutschen Reich den Krieg. Anstatt Friedensmöglichkeiten zu finden, bringt das Jahr 1917 eine Totalisierung des Krieges. Die deutsche Heeresleitung setzt auf einen „Siegfrieden", die Friedensresolution des Deutschen Reichstages vom 19. Juli 1917 bleibt eine Ausnahme im deutschnationalen, imperialistischen Klima. Hindenburg und Ludendorff bauen in diesem Jahr ihre Militärdiktatur aus. Anstelle des von Winkelmann erwarteten Friedens 1917 nehmen die Kämpfe in ihrer Härte und mit ihren Verlusten zu.

Am 9. März schreibt Winkelmann wieder an seine Familie: Er bedankt sich für die geschickten Pakete, sagt aber gleichzeitig, dass sie nichts schicken sollten, was sie selber bräuchten. Er berichtet von einem schweren Gefecht bei dem Vorstoß der Engländer bei Sonechez:

„Davon zeugten schon die nahezu 400 toten Engländer, die allein vor unseren Gräben lagen."

Von eigenen Verlusten ist nicht die Rede. Hauptsache für den tötenden Frontsoldaten ist, dass der Feind hohen Blutzoll zahlt. Die eigenen Verluste werden hingenommen. Der Kriegsalltag unterliegt einem Ziel: die möglichst hohe Anzahl getöteter oder gefangen genommener Feinde. Je mehr der einzelne Soldat „erledigt", desto höher der Orden.

Der nächste Brief vom 18.3.1917 an seine Familie enthält einen Kurzbericht über den dreitätigen Alltag eines Artilleriebeobachters:

„Ich hatte nämlich einen besonderen Auftrag bekommen, die Bttr. auf einen englischen Graben einzuschießen, den man von keiner Beobachtung aus sehen konnte. So ging ich denn noch bei Dunkelheit weiter vor durch Trichter und Löcher bis an unseren ersten Graben, der nur aus Trichtern besteht, und suchte mir einen Punkt, von dem ich etwas sehen konnte. An sich war das Ganze nicht so schlimm, aber der furchtbare französische Lehm hier und dabei regnete es auch noch. Ich sah aus wie fast ein Klumpen Lehm, als ich um 2 Uhr nachm. zurückkehrte. Bis an den Knien stehen die Gräben hier teilweise voll Lehmwasser…"

Dieser kleine Bericht zeigt, dass nicht nur der Kampf gegen die Feinde den Alltag bestimmt, sondern gleichzeitig der Kampf gegen den vom Regen aufgeweichten Lehmboden eine zusätzliche Last bedeutet. Wasser in den Schützengräben, die umgeben waren von Granattrichtern, machte das Leben zusätzlich strapaziös.

Im nächsten Brief an seine Familie teilt der Sohn, Bruder und Schwager mit, dass er mit folgender Urkunde das EK I bekommen habe:

„Seit Kriegsbeginn im Felde hat er sich durch unerschrockenes und tapferes Verhalten in schwierigsten Gefechtslagen stets ausgezeichnet, besonders in der Schlacht von Arras bei Vinny legte er ohne Rücksicht auf das schwere Artilleriefeuer unter vollem Einsatz seiner Persönlichkeit, nie ermüdendem Eifer, vorbildliche Ruhe und Kaltblütigkeit an den Tag."

Und Winkelmann fügt hinzu: „Also ein – richtig gesehen – ganz schöner Salm, nicht wahr?"

Die erwähnte Schlacht von Arras war vom 9. April bis zum 17. Mai 1917. Winkelmann hat über sie nichts Genaueres geschrieben. Diese Schlacht war eine der verlustreichsten für die Engländer und Deutschen (rund 150.000 Tote auf jeder Seite).

Im November 1917 kommt Winkelmanns Einheit in eine Kaserne. Der Etappenaufenthalt war aber nur sehr kurz, denn am 13. Dezember 1917 schreibt er in einer Feldpostkarte an die Familie, dass er wieder in „Feuerstellung" sei. Aber schon am 20. Dezember schreibt er einen „herzlichen Weihnachtsgruß" wieder aus einem „Ruhequartier" und fügt hinzu:

„Ich werde das Fest nun doch hier hinten erleben. Möge es Euch ein freudiges und fröhliches Weihnachten werden, das nächste feiern wir dann alle zusammen."

Am 25. Dezember berichtet er nach Hause über eine Weihnachtsfeier, die ähnlich an vielen Fronten und in vielen Etappen stattgefunden haben dürfte. Am 22. Dezember hat er teilgenommen an einer Kaiserparade. Für den preußischen Soldaten war der Vorbeimarsch an dem König und Kaiser immer ein besonderes Ereignis, das mit Stolz erfüllte. Der Kaiser war für die meisten Soldaten die höchste zivile und militärische Autorität. Eigentlich sollte ihm der Kaiser bei dieser Gelegenheit das EK I überreichen, aber der Regimentskommandeur übergab ihm schließlich die hohe Tapferkeitsauszeichnung. Auf den üblicherweise damit verbundenen Urlaub muss er aber verzichten. Sein Briefschluss:

„Meine Lieben! Wie habt ihr denn Weihnachten verbracht? Mir gefallen diese Tage hier hinten ganz gut, bedeutend besser als vorne in Stellung in dem Dreck. Nun wünsche ich Euch noch ein fröhliches und gesegnetes Neues Jahr, bleibt gesund beisammen und bringt den Krieg mit frohem Herzen zu Ende."

Mit diesem Wunsch endet der letzte uns erhaltene Brief an die Familie aus der Kriegszeit.

Vom 21. März bis 6. April 1918 dauerte die deutsche Frühjahrsoffensive in der Picardie zwischen Arras und La Fère, die trotz Anfangserfolge zum Stillstand kam. Am 18. Juli beginnt die Gegenoffensive der Alliierten, die durch das Eingreifen amerikanischer Truppen und durch den massenhaften Einsatz von Tanks die Oberhand gewannen. Vom 8. – 11. August gelingt ein tiefer Einbruch der Briten mit 450 Tanks beiderseits der Straße Amiens-Saint-Quentin. An dieser Schlacht hat Winkelmann teilgenommen, wie ein Brief von ihm vom 18. September 1918 an Freunde zeigt. Er ist der umfangreichste Brief, den er über seine Kriegserlebnisse geschrieben hat:

„Meine lieben Kameraden!

Um bei meinem demnächstigen Urlaub, den ich in drei bis vier Wochen anzutreten hoffe, nicht gescholten zu werden wegen meiner spärlichen Nachrichten, beeile ich mich, dieselben noch schnell um eine zu vermehren.

Interessante Kämpfe, viele Gefahren und große Ereignisse liegen hinter mir, wenn auch aus unserem Vormarsch mit dem angenehmen Recht der Selbstversorgung, an dem wir teilzunehmen hofften, ein in dieser Beziehung wenig rentabler Rückzug wurde, so haben wir doch das Ziel, dem Gegner möglichst viel Verluste beizubringen, vollauf erreicht. Denn der Feind musste ganz gewaltige Opfer zahlen für den Boden, dem wir ihm überließen. Wie viel Divisionen er nacheinander gegen uns aufgeboten hat, weiß ich nicht genau, aber ihre Zahl ist nicht gering und alle mussten bluten. Verluste bei uns blieben natürlich auch nicht aus, selbst einige Geschütze mussten preisgegeben werden, d. h. von meiner Batterie eins.

Ich möchte Ihnen nun einige Kampfepisoden schildern und einige Bilder entwerfen, wie sie sich in meiner nächsten Umgebung darboten. Am 9. August vormittags wurden wir, nachdem wir vierzehn Tage als Eingreifdivision in Bereitschaft gelegen hatten, plötzlich und eilig eingesetzt. Der Überraschungsangriff mit übermäßigen Kräften war dem Feind gelungen, er war schon tief eingedrungen. Im Morgengrauen hatten wir unsere Stellungen ausgesucht, die Geschütze aufgestellt und standen nun bereit, den Feind zu empfangen. Ein Geschütz für den Nahkampf und zur Tankabwehr kam nach vorne und stand einige Schritte hinter unserem Hauptkampfgraben. Ich ging mit meinem Batterieführer zur Infanterie und nicht weit von diesem Geschütz bauten wir unser Scherenfernrohr auf; durch Fernsprecher hatten wir Verbindung mit der Batterie.

Gegen 10 Uhr vormittags kam der Feind an, zunächst noch ein bis zwei Kilometer entfernt. Gruppe auf Gruppe donnerten unsere Granaten aus der rückwärtigen Stellung in seine Reihen, zahlreiche Lücken reißend. Ich beobachtete eifrigst die Bewegung des Feindes, langsam kommt er in großer Zahl näher und näher, sprungweise. Nun war doch die Zeit gekommen, dass unser Nahkampfgeschütz mitwirken konnte. Ich eile hin und mit der Entfernung von 800 Metern beginnend und dann abbrechend eröffnen wir das Feuer. Die Bedienung der Geschütze arbeitete schnell und gut. Schrecklich war die Verwüstung, die wir auf wenige Meter vor unseren Augen sahen. Aber immer neue Engländer arbeiteten sich vor, bald hier, bald dort, bald links, bald rechts. Die Maschinengewehre rasselten, unerbittlich ihre Opfer greifend. Da taucht weiter zurück plötzlich ein Panzerwagen auf, fauchend wälzt sich das Ungeheuer, das seit der Cambrai-Schlacht für uns kein Schrecken mehr ist, heran. Mit wenigen Schüssen machen wir ihm den Garaus, eine hochlohende Flamme zeigt, dass wir die empfindlichste Stelle trafen. Die Infanteristen in meiner Nähe brüllen Hurra und freuen sich, denn mit ihren Gewehren ist dem Panzer schlecht beizukommen. Ich wende meine Aufmerksamkeit wieder der feindlichen Infanterie zu und sehe etwa 100 bis 150 Meter von mir einige Tommys ein leichtes Maschinengewehr direkt uns gegenüber aufbauen. Nun gilt's: wer schießt zuerst? Aber nur wenige Sekunden und das Gewehr tut uns nichts mehr: der nachziehende Rauch der eingeschlagenen Granate zeigt, wo es gestanden hat.

Mittlerweile ist der Angriff ins Stocken geraten, weiter vor dringt der Gegner nicht. Ein Stoßtrupp unserer Infanterie springt gleich aus dem Graben und geht dem Feinde mit Handgranaten zu Leibe. Einige Gefangene und Teile des oben erwähnten Maschinengewehrs bringt der nach wenigen Minuten zurück. Die vordersten Engländer aber türmen. Leider hat der Stoßtrupp einen Toten zurücklassen müssen. Die Verluste des Gegners waren sehr groß. Jedoch war auch unsere Munition am Geschütz verschossen: die letzten beiden Schuss behalte ich noch, um eventuell die Kanone sprengen zu können, falls der Angriff weitergeht und wir Gelände preisgeben sollten. Der Graben war sehr gut ausgebaut und die Infanterie gab ihn ungern auf, namentlich, da er auch einige ganz wohnliche Stellen aufwies. Dagegen war die Stellung links und rechts bei den Nachbarregimentern weniger gut; sie zogen sich denn auch bald auf eine bessere Linie zurück. Dadurch bildete das Infanterie-Regiment, dem wir zugeteilt waren und ein Teil des Regiments, einen Kreis, der die Möglichkeit zuließ, uns abzuschneiden. Vorläufig sollte die Stellung jedenfalls gehalten werden.

Da die Munition verfeuert war, schickte ich die Bedienungsleute bis auf ein Richtkanonier Schlesack zur Batteriestellung zurück, um unnötige Verluste zu vermeiden. Das Rundblickfernrohr gab ich den Leuten mit. Nach einiger Zeit taucht ganz unvermittelt aus einer Schlucht ein neuer Tanker auf, dahinter ein Trupp Engländer. Den müssen wir noch umbringen – ist mein erster Gedanke, aber ohne Rückblickfernrohr, nur mit dem Notvisier und zwei Schuss? Das ist fast unmöglich. Ich richte das Geschütz, so gut es geht, selbst ein mit Hilfe des einen Kanoniers, aber einen Volltreffer erziele ich nicht. In meiner letzten Hoffnung durchsuche ich mit fieberhafter Eile alle Munitionskörbe und finde wirklich noch einen Korb mit drei Schuss. Inzwischen war der Tank nähergekommen und zeigte sich in seiner ganzen Größe, aus einem kleinen Geschütz andauernd feuernd. Noch zweimal zogen wir ab, dann ging der Tank in Flammen auf. Das Geknatter der in ihm explodierenden Munition hielt noch lange an. Damit gab der Feind sein Vorhaben auf, es blieb ruhig. Ungeheure Verluste hatten wir ihm zugefügt; durch die Gefangenen (andere Stoßtrupps hatten auch noch manche eingebracht) wurde festgestellt, dass das Regiment einzig zu diesem Angriff eingesetzt war. Ich freute mich, dass ich die Kanone nicht zu sprengen brauchte, ging auf die Beobachtung und löste meinen Batterieführer ab, der zur Batteriestellung musste. Es war gegen 1 Uhr nachmittags, als der Kampf nachließ.

Zwischen 5 und 6 Uhr erhalte ich die Meldung, dass von der Infanterie rechts von uns, in einer Mulde, eine Reihe Tanks gesehen worden sei. Ich beobachte aufmerksam und überlege, was zu tun ist; bei den Geschützen ist keine Munition, wohl habe ich Fernsprechverbindung mit der Batterie, wo die drei anderen Geschütze stehen, und ich entschließe mich, den Ungetümen mit indirektem Schuss das Dasein zu erschweren. Mit Karte und Winkelmesser überlege ich mir Richtung und Entfernung nach den in Betracht kommenden Punkten, als schon ein Panzerwagen seine Nase aus der Mulde emporstreckte. Ein kurzes Kommando: „Granatenaufschlag! 1. von rechts usw., 340! Feuern!" In wenigen Sekunden höre ich die Granate über unsere Beobachtungsstelle hinweg sausen, während die Zahl der Panzer sich auf fünf erhöht hat, darunter drei französische neuester Art, die bedeutend schneller in der Bewegung sind, auch eleganter gebaut sind als die anderen Kolosse. Der Einschlag liegt hinter den Tanks. Ich kann also in der Entfernung abbrechen. Noch einige Schuss mit kleinen Korrekturen, und dann zerschlägt eine Granate einem Tank die Laufräder, wie ich gut beobachte. Die Feldkanone ist doch ein wunderbares Instrument. Nach kurzer Zeit brennen zwei Panzerwagen lichterloh und zwei bleiben beschädigt liegen. Aus letzterem sehe ich die Besatzung nach rückwärts fliehen. Der Kampf war etwas aufgelebt, Maschinengewehrfeuer usw., aber ein neuer Vorstoß erfolgt nicht.

Der Feind hatte für diesen Tag genug. Auch die Nacht verlief ruhig, selbst das Morgengrauen, wie sonst üblich, benutzte der Feind nicht. Wir aber, beim Nahkampfgeschütz, hatten uns in der Nacht reichlich mit Munition versehen. Die Infanterie, stolz auf den ersten Tag des

Erfolges, sah mit Ruhe den weiteren Angriffen entgegen. Die Verluste der Infanterie waren gering. Nur das Geschütz einer anderen Batterie, das in unserer ähe als Flankendeckung stand,

Nähe als Flankendeckung stand, hatte durch Fliegerbomben starke Verluste, mehrere Tote und Verwundete. Am 10. gegen 11 Uhr, setzte plötzlich starkes Artilleriefeuer ein, und, wie wir gleich vermuteten, als Einleitung zu einem neuen Angriff. Durch das Scherenfernrohr sehe ich denn auch, wie sich die Engländer über ihre Grabenrüstungen schwingen. Die Infanterie wird sofort alarmiert und alles macht sich bereit zum Empfang des aufdringlichen Gastes. Ähnlich wie am Vortag, nur in noch größeren Massen und mit mehr Tanks und, wie sich später herausstellte, schottische Garde, eine der besten Regimenter. Wir merkten, das eigentliche Gefecht beginnt erst jetzt. Was wir bisher erlebten, war das Vorgeplänkel, nur ein Vorfühlen, nur der Auftakt zu dem, was kommen sollte. Doch dieses ausführlich zu schildern, erlassen Sie mir bitte bis zum Urlaub, wenn ich Sie besuchen werde. Entschuldigen Sie, aber meine Briefbögen sind alle. Nur das möchte ich noch erwähnen, dass wir vier Tage diese Stellung gehalten haben, da war nämlich der Kreis um uns bis auf 525 Meter geschlossen. Jetzt zogen wir uns in der Nacht auf leisen Sohlen unbemerkt und mit Geschütz zurück, um in einer anderen Stellung den Gegner von neuem anrennen zu lassen.

Noch stehe ich in schwerem Kampf, eine Ruhepause benutze ich zu diesen Zeilen. Mit Gottes Hilfe bin ich bisher aus allen Gefahren heil herausgekommen und hoffe, auch die Tage bis zum Urlaub gesund zu erleben. Bis dahin leben Sie wohl und seien Sie recht herzlich gegrüßt von Ihrem getreuen gez. Winkelmann

NS: 11 Uhr abends! Soeben kommt die Alarmnachricht, dass ich sofort wieder zur Stellung muss. Ein Offizier ist schwer verwundet. Einen zweistündigen Ritt habe ich vor mir."

Von der deutschen Frühjahrsoffensive am 22. März 1918 erzählt Winkelmann später 1934 im Bochumer Anzeiger diese Ereignisse:

„Die zweite Batterie, der ich angehörte, war dem 1. Reserve-Infanterie-Regiment 261 als Infanterie-Begleitbatterie zugeteilt. Das Dorf

Epéhy sollte angegriffen werden. Vorgeschickte Patrouillen wurden entweder abgeschossen oder kamen mit der Meldung zurück, dass die feindlichen Stellungen so stark mit Schützen und Maschinengewehren besetzt seien, dass ein Angriff ohne Artillerievorbereitung aussichtslos erscheine. Da fuhr ein Geschütz unter Führung meines Batterieführers, Leutnant Tägtmeyer, ohne auf das starke feindliche Artillerie- und Maschinengewehrfeuer zu achten, vor der Infanterie dicht am Südausgang des Dorfes auf und eröffnete das Feuer auf die kaum 100 Meter entfernt liegenden, dicht besetzten Häuser.

Kurz darauf begleitete ich meinen Batterieführer nach rückwärts, um für das Geschütz einen anderen Platz mit neuer Wirkungsmöglichkeit zu suchen. Da fiel an meiner Seite, von einer Gewehrkugel tödlich getroffen, mein Batterieführer. Ich beugte mich erschüttert zu ihm nieder. In diesem Augenblick sehe ich, etwa zwanzig Schritt von mir, ein Tommy-Gesicht aus einem Keller auftauchen. Als ich mit der Pistole darauf zugehe, hebt der feindliche Soldat die Hände und ergibt sich. Dann kommt, sozusagen im Gänsemarsch, eine ganze Tommyschar zum Vorschein. Es handelte sich um eine Schar von 25 Mann, die zu meiner eigenen Überraschung den Keller bevölkerte. Einer kam auf mich zu und drückte mir wahrscheinlich zur Versöhnung – ein Paket Schokolade in die Hand. Die Gefangennahme der 25 feindlichen Soldaten war uns ein bedeutender Ansporn, nunmehr unsere eigentliche Aufgabe – für die Räumung Epéhes zu sorgen, umso energischer anzupacken.

Ich vereinbarte mit der Infanterie gemeinsames Vorgehen. Die Kanoniere schoben das Geschütz Schritt für Schritt die Dorfstraße entlang. Die Infanteristen halfen Granatkörbe schleppen. Ein Volltreffer nach dem anderen zerstörte – immer auf eine Entfernung von 75 bis 100 Meter – die feindlichen Schützen- und Maschinengewehrnester in den Häusern. Die Infanterie stand mit zwei Maschinengewehren neben dem Geschütz. Der Erfolg war überraschend. Sobald die ersten Granaten bei so kurzer Entfernung in das Haus schlugen, gingen die Insassen „türmen". Aber die Maschengewehre und das Gewehrfeuer besorgten den Rest. Schrecken erfasste den restlichen Teil der Dorfbesatzung, die bald in dichten Haufen davonlief, verfolgt von dem direkten, sicher gezielten Feuer unseres unaufhaltsam vordringenden Geschützes. So war der Infanterie der Weg gebahnt. Fast ohne Verluste konnte sie das Dorf besetzen. „Dass wir Epèhy so glänzend genommen haben, haben wir der Artillerie zu verdanken", sagte am nächsten Morgen der Bataillonskommandeur des 1. R:-I-R. 261 zu mir und klopfte mir auf die Schulter. Ich hatte die Genugtuung, meinen Kameraden von der Infanterie den schweren Kampf wesentlich erleichtert zu haben. Wir haben auch in den nachfolgenden Kämpfen gute Kameradschaft gehalten. Ich hörte später, die Infanterie habe mich zu E.K. 1. Klasse vorgeschlagen, und weil ich diese Auszeichnung schon besaß, erhielt ich das Goldene Militär-Verdienstkreuz.

Die außerordentliche Anerkennung meiner Leistung von Seiten der Infanterie war für mich eine besondere Freude."

Später nach dem Krieg erschien ein schmales Heftchen mit dem Titel: „Die Kämpfe des 1.R.I.-R. 261 am 10. und 11. August 1918 bei Parvilliers, Erinnerungen von Hauptmann Hoppe". Darin stand:

„Aus Rouvroy und le Quensnoy fuhren neue Tankwellen vor. 32 schwere und leichte Maschinengewehre waren im Bataillonsabschnitt eingesetzt, und als sie das Feuer eröffneten, da schwiegen alle Flöten. Der englische Angriff brach zusammen, und als mein Kampfgenosse von Epéhy, der Wachtmeister Winkelmann, einen Tank nach dem andern erledigte, – schließlich lagen 13 Tankleichen vor unserem Abschnitt – da bekamen wir das sichere Gefühl, wieder Herren der Lage zu sein."

Und der Leutnant Steinhäuser schreibt in seinem Kriegstagebuch:
„Doch nun zu dem schönsten Tag meines militärischen Lebens, zum 11. August. Ein wolkenloser, heißer Himmel begrüßt den jungen Tag; Hunderte englischer Flieger kreisen über uns, tuten und schießen und lassen uns äußerst wachsam sein. Plötzlich starkes Artilleriefeuer auf der ganzen Front, besonders auf das hinter uns liegende Parvilliers. Aber wir haben zwei Kanonen mit neunzig Schuss direkt hinter uns stehen! Den Schützenlinien voran gehen Tanks. Hei, das war ein loh-

nendes Fressen für unsere Kanonen. Nach und nach wird Tank auf Tank umgelegt, in Brand geschossen, zerfetzt. Dann werden die Kanonen herum geschmissen, schnell ein paar Kartätschen auf 70 Meter Entfernung in die Angreifer; jetzt taucht links Kavallerie regimenterweise auf, wieder die Kanonen herumgedreht und zwischen die Pferde gefunkt, dann wieder auf die Tanks; immer weiter, immer schneller. Wie aus Eisen gegossen stehen die Kanoniere an ihren Geschützen, obgleich Flieger, die über ihnen kreisen, durch Bomben und Handgranaten die Geschütze außer Gefecht zu setzen suchen, die Offiziere beobachten durch das Fernglas das Schlachtfeld und suchen sich neue Opfer."

Und am Schluss dieses Frontberichtes steht:
„Das war die Tat Heinrich Winkelmanns. Wir fragen nicht weiter. Nie wird man dieses Wort vergessen, das der alte Soldat zum Schluss sagt: „Man sollte Gott dankbar sein, dass er uns die Möglichkeit gab, für unser Vaterland zu kämpfen."

Diese beiden Berichte des Wachtmeisters Heinrich Winkelmann sind erst in der NS-Zeit 1934 und 1937 erschienen. Die „Helden" des Ersten Weltkrieges hatten nach 1933 die propagandistische Funktion zu erfüllen, Vorbilder für die neu aufgebaute Deutsche Wehrmacht zu sein. Man entwickelte einen neuen Heldenkult. Und da war der mit dem höchsten Orden für Nichtoffiziere ausgezeichnete Artillerist ein geeigneter Mann, die Großtaten auf den Schlachtfeldern zu schildern. Die Berichte von Winkelmann passten genau in die Ausbildungs- und Erziehungspraxis der neuen Wehrmacht. Der in wechselnden Situationen keinen Einsatz scheuende und sein Waffensystem hervorragend beherrschende Soldat des Ersten Weltkriegs konnte zum Vorbild des möglichen nächsten Krieges stilisiert werden. Später wurde der Zweite Weltkrieg die Fortsetzung des Ersten Weltkriegs, in dem die deutsche Armee nicht als besiegt galt. Die Rache für Versailles und die Aufhebung der Entehrung eines deutschen Kultur-, Industrie- und Sozialstaates wurde zur großen nationalsozialistischen Parole.

Winkelmann gehörte von seiner religiösen und nationalistischen Erziehung im Kaiserreich her zu denen, die sich voll identifizierten mit der Machtpolitik des Kaiserreiches. Dass Deutschland mit seiner Politik nicht die Ursache für den europäischen und bald universalen militärischen Großkampf war, davon war er wie die meisten seiner Zeitgenossen überzeugt. Dass Deutschland von den Fremdmächten außenpolitisch eingekreist worden sei und Deutschland einen gerechten Abwehrkampf führe, gehörte zum allgemeinen politischen Bewusstsein der Mehrheit der Deutschen. Mit seinen 22 Jahren beim Ausbruch des Krieges war es für ihn selbstverständlich, der militärischen Führung gegenüber unbedingten Gehorsam zu leisten. Er fügte sich aus tiefster Überzeugung in das militärische Befehlssystem ein. Was ihn aber nun auszeichnete, war die Selbständigkeit der Entscheidungen im Frontgeschehen. Als Geschützführer einer leichten Feldartillerie kämpfte er kurz hinter oder kurz vor der Infanterie und bekämpfte in der Flandernschlacht die englischen und französischen Panzer, die von der Infanterie mit ihren Gewehren und Maschinengewehren nicht „erledigt" werden konnten. Die Zahl der von ihm und seinen Kanonieren abgeschossenen Panzer ist außergewöhnlich. Er war ein besonders tapferer und erfolgreicher Frontsoldat.

Es fällt auf, dass er wenig genau über die Opfer der blutigen Massaker schreibt. Über von Granaten zerfetzte und von Gewehrkugeln getroffene entstellte Soldaten berichtet er nichts. Er hat diese Wirklichkeit ja genau gekannt. Aber sie für Außenstehende zu beschreiben, dagegen wird er sich gesträubt haben. Und vor allem dies: es kommt auch ein durchaus der Sprache mächtiger Soldat an die Grenzen seiner Fähigkeit, die Leichen und die Schwerverwundeten zu beschreiben, die in Schützengräben, Unterständen und bei Sturmangriffen elendig umgekommen sind.

Und es fällt auf, dass er nirgends den Namen Gott in einem qualifizierten Sinne erwähnt. Ein religiöses Interesse, den Krieg, das Töten und das Getötetwerden zu reflektieren, scheint bei dem jungen Kämpfer noch nicht ausgeprägt vorhanden zu sein. Kriegsmann zu sein und den Gesetz- und Regelmäßigkeiten zu folgen, die sich hier entwickelt haben, ist ihm kein besonderes Gewissensproblem. Das Töten von möglichst vielen Feinden belastet nicht das Gewissen, sondern macht stolz und lässt kommenden Gefechten in Ruhe entgegensehen. Gefallene Feinde zuhauf liegen zu sehen, erfüllt mit Genugtuung. Die Ausblendung aller ethischen und moralischen Kriterien aus dem soldatischen Bewusstseinshaushalt gehört zur Voraussetzung, seine Tötungspflicht ungehemmt zu vollziehen.

Die meisten Soldaten an der Westfront sind davon überzeugt, dass sie ihren Einsatz und ihre Opfer für ein zukünftiges Leben des deutschen Volkes als eines freien und in Europa und der Welt mächtigen Staates bringen. Sie fühlten sich als Werkzeuge der zukünftigen Errichtung eines besseren Deutschlands.

Die letzte große Hoffnung, den Ansturm der alliierten Streitkräfte mit ihrem Übergewicht an Menschen und Material, war im September 1918 der Rückzug der deutschen Armeen in die sog. „Siegfriedstellung", die von Arras über Saint-Quantin bis Reims reichte. Über Winkelmanns Tätigkeit in den letzten beiden Monaten des Krieges bis November 1918 gibt es keine Quellen. Er kann den Rückzug seines Regimentes, der nach dem Waffenstillstand in Compiégne vom 11. November erfolgte, nicht mehr mitgemacht haben.

Er heiratet während eines Urlaubs am 8. Oktober 1918 Gertrud (Traudchen) Graßhoff (1891 – 1960). Genau ein Jahr zuvor hatten sie sich verlobt. Die Braut war wie viele Bräute das Wagnis eingegangen, ihren Bräutigam vor der Hochzeit durch den „Heldentod" zu verlieren.

Über die kommenden Jahre während der Weimarer Republik gibt es kein Archivmaterial. Die junge Familie wohnte in Homberg im Hause des Vaters der Traudchen. Winkelmann arbeitete bei den Rheinischen Stahlwerken in Duisburg-Ruhrort. Trotz intensiven Nachforschens waren über die Jahre in der Weimarer Republik keine Fakten und Daten zu ermitteln. Aus einem späteren Brief geht hervor, dass er Kontakte mit dem CVJM gehabt hat.

1934 wechselte Winkelmann als Kaufmännischer Angestellter zum Bochumer Verein. Als Mieter in der Petersstraße 18 gehörte er zum Melanchthonbezirk der Kirchengemeinde Wiemelhausen.

In der Kriegszeit 1939 bis 1944

Nach Ausbruch des Krieges am 1. September 1939 bildete sich im Bochumer CVJM, der sein Heim in der Oskar-Hoffmann-Str. 14 hatte, ein Soldatenkreis, der aus alten Weltkriegssoldaten und jungen Mitgliedern bestand, die entweder ihren Stellungsbefehl schon bekommen hatten oder ihn in absehbarer Zeit erwarteten. Es waren etwa 50 Kameraden, die sich in bald wechselnder Stärke an jedem Donnerstag trafen. Soldaten auf Urlaub berichteten über ihre Ausbildungen und Kriegseinsätze. Der kontinuierliche Kontakt wurde von Anfang an durch „Soldatenbriefe" aufrechterhalten, die am Anfang des Krieges von Fritz Reinecke bis zum 8. August 1940 herausgegeben wurden. Nach 12 Soldatenbriefen übernahm Heinrich Winkelmann die Herausgabe der Briefe, geschrieben auf einer Schreibmaschine in seiner Wohnung und einzeln vervielfältigt. Leider konnten viele Ausgaben (bis jetzt) nicht gefunden werden, aber die vorhandenen reichen aus, um einen Eindruck vom Geist dieser kleinen Schar unter den Bedingungen eines sich immer mehr totalisierenden Krieges zu bekommen. Es dürfte eine seltene Hinterlassenschaft sein, die tiefe Einblicke in das religiöse und politische Denken einer Gruppe von Christen gibt, die durch den CVJM ihre besondere Prägung erhalten hatten. Für sie war das Zentrum des christlichen Glaubens die Erlösung durch Jesus Christus durch seinen

Tod und seine Auferstehung. Hinzu kam die feste Überzeugung, dass Gott als Herr der Geschichte die nationale Geschichte Deutschlands lenkt und alles, was geschieht, sein göttlicher Weltwille ist und dass das Lebensschicksal des Einzelnen in seiner Hand liegt.

Von diesem Gottes- und Geschichtsglauben her erlebten sie den Krieg mit seinen Siegen und mit seinen Bedrängnissen. Zur pietistisch-evangelikal geprägten Frömmigkeit gehörte die tägliche Bibellese und das Gebet füreinander. Ihr geistiges Leben und ihr alltägliches Verhalten bestimmendes Zentrum war nicht die NS-Ideologie, sondern die Botschaft Jesu Christi. Gott in den Werken und Worten des „Heilandes" war für sie die letzte persönliche Verankerung ihres Denkens und Lebens.

Das schloss allerdings nicht aus, dass sie in Adolf Hitler den Repräsentanten der von Gott eingesetzten Obrigkeit sahen. Ihm schuldete man den weltlichen Gehorsam. Eine inhaltliche Kritik an der Politik des Reichskanzlers war nicht möglich. Im ideologischen Sinn standen sie der nationalsozialistischen weltanschaulichen Selbstinterpretation nie nahe, aber als Christen und Patrioten hielten sie für sich Hitlers Kriegspolitik für verbindlich. Sie unterschieden konsequent ihren christlichen Glauben, der für sie eine persönliche Entscheidung war, von der staatlichen Macht, die ihren eigenen Gesetzen folgte. Dass eventuell aus christlichen Kriterien und Motiven Kritik an obrigkeitlichen Maßnahmen geboten sein könnte, war für sie keine Möglichkeit ihres Gewissens. Sie waren und blieben engagierte Patrioten in der Heimat und an der Front. Sie akzeptierten als Christen die politischen und militärischen Ziele des Reichskanzlers und seiner Wehrmachtsführung und dienten pflichtgemäß der von Gott eingesetzten Obrigkeit. Sie hatten 1933 die Kanzlerschaft Hitlers als Ende der ungeliebten Republik und als Beginn einer „nationalen Revolution" begrüßt, die nach innen einen autoritären Staat schuf und nach außen den Kampf gegen das Versailler Diktat aufnahm. Sie begrüßten die Umwandlung der Reichswehr in die Deutsche Wehrmacht, die Aufrüstungspolitik wie die Einführung der Allgemeinen Wehrpflicht, die Eingliederung des Sudetenlandes und Österreichs ins Reich wie die Zerschlagung der Tschechoslowakei. Der Polenfeldzug hatte ihre volle Zustimmung wie die Kriege gegen Frankreich und England. Und der spätere Angriff auf die Sowjetunion lag voll auf ihrer Linie des traditionellen Antibolschewismus.

Diese kleine christliche Gruppe repräsentierte mit ihrer Zustimmung zur revisionistischen Politik des „Volkskanzlers" die mehrheitliche Meinung des zeitgenössischen Protestantismus wie der kirchenleitenden Organe. Auch in den beiden kirchenpolitischen und theologischen Lagern, den Deutschen Christen und der Bekennenden Kirche, gab es in diesen großen außenpolitischen Punkten und in der Akzeptierung des Krieges als nationaler Notwendigkeit keine großen Unterschiede.

Der schnelle Sieg über Polen wurde in allen Kirchen als Fügung Gottes gefeiert. Und der Sieg über den Erzfeind Frankreich erfreute vor allem die alten Weltkriegssoldaten mit geschichtlicher Genugtuung. Heinrich Winkelmann konnte sagen: „Ich beneide euch alle, die ihr an diesem einzigartigen Siegeszug teilnehmen konntet..."

Der Ausgang des Ersten Weltkriege war durch die schnellen Blitzsiege im Bewusstsein der meisten Deutschen gerächt. Die Zustimmung zum „Führer" erreichte in der deutschen Bevölkerung einen Höhepunkt. Und in der Evangelischen Kirche wurden Dankgebete für den Sieg, der nach Gottes Willen sei, gesprochen und neue Gebete für den „Führer" gehalten. Eine Nation war mit sich zufrieden und den irdischen und himmlischen Gewalten dankbar. Der Krieg gegen die Sowjetunion wurde interpretiert als weltanschaulicher und politisch-militärischer weltgeschichtlicher Entscheidungskampf gegen den gott- und morallosen Bolschewismus. Innenpolitisch war nach Auffassung der meisten nationalen und christlichen Deutschen der Kommunismus 1933 durch den Führer und seine SA ausgeschaltet worden.

Heinrich Winkelmann reagiert auf den Winterrückschlag 1941 vor Moskau im Sinne der offiziellen Interpretation. Der Einsatz für den Endsieg an der Front und in der Heimat wird sich verschärfen:

„Ihr an der Front bindet zum Frühjahr den Helm fester und wir in der Heimat schnallen den Leibriemen enger, weil wir den Krieg gewinnen wollen und weil wir einsehen, dass wir es schaffen müssen..."

Winkelmann identifiziert sich voll und ganz mit der Darstellung und Interpretation des Ostkrieges durch die Reichsorgane. Garant für den Endsieg ist ihm die Allianz zwischen dem „waffenschaffenden Arbeiter" und dem „siegschaffenden Soldaten". Er, der in dem großen Rüstungsunternehmen des Bochumer Vereins arbeitet, weiß als alter Soldat, dass die steigende Produktion von immer besseren Waffen die Voraussetzung für den Sieg auf dem Schlachtfeld ist.

Sein guter Freund Tilmann Beckers, der eine Säule des CVJM war, schreibt im September 1942:

„Lasst uns zu Beginn des vierten Kriegsjahres im Vertrauen auf den Herrn getrost in die Zukunft schauen. Der Herr wird der gerechten Sache zum Siege verhelfen..."

Dass Gott die „gerechte Sache" siegen lässt, ist als religiöse Überzeugung fest verankert im Bewusstsein dieses Mannes, der sich 1942 eine Kriegsniederlage Deutschlands so wenig vorstellen kann wie die meisten Deutschen.

So überrascht es nicht, dass die wenigen militärisch-politischen Analysen, die Winkelmann in dieser Zeit schreibt, so auch in allen nationalsozialistischen Zeitungen hätten stehen können. Später hat er trotz der Landung der Westalliierten in Italien und der schwierigen Situation um Stalingrad die Hoffnung, dass die deutsche Führung die richtigen Gegenmaßnahmen trifft und die Deutsche Wehrmacht die Gegner „friedensbereit" macht. Noch Anfang Januar 1944 ist ihm gewiss, dass das deutsche Volk seine ganze Kraft zur Abwehr der Feinde zusammenfasst. Und er ist dankbar für eine Führung, die „es versteht, alle Kräfte anzuspannen und richtig einzusetzen."

Aber ein Segenswunsch heißt jetzt:

„Möchte Gott der Herr, dessen Hand schwer auf uns liegt, unserem Volk und Land gnädig sein und bald der Menschheit Jammer wenden."

Er bittet um Gnade und um ein Kriegsende. Aber am 12. März 1944 kann er schon wieder formulieren: „An dem heutigen Heldengedenktag sind die Herzen aller Deutschen voll stolzer Trauer bei den für Deutschlands Zukunft gebliebenen Brüder..."

Er übernimmt den weithin üblichen Begriff auf Todesanzeigen: „in stolzer Trauer". Die Auffassung, dass die im Kriege Gefallenen der Same für ein neues Deutschland sind, war im allgemeinen Zeitbewusstsein, geprägt durch traditionelle Interpretationen und durch nationalsozialistische Bekenntnisse auf Todeskultfeiern, war in den Herzen fest verankert. Dass das Sterben vielleicht unverantwortlich und sinnlos sein könnte, diese Erkenntnis kam bei vielen durchaus auf, wurde aber solange verdrängt, wie man eben konnte.

Einblicke in die „Soldatenbriefe"

Das erste Dokument aus den Soldatenbriefen ist der Brief eines Regimentskommandeurs vom 16. Juni 1940 an die Mutter eines gefallenen Kameraden, die schon im Ersten Weltkrieg ihren Mann verloren hatte. Dieser Brief ist ein außergewöhnliches Dokument eines hohen Offiziers, der sich mit dem Glauben an den Heiland identifiziert, wie es auch der gefallene Sohn getan hat:

„Ein Vorbild als Soldat und Mensch, besaß er das höchste Kleinod, das es gibt: Er gehörte dem Heiland an. Wie köstlich der Gedanke, dass er beim Heiland ist, ist mir ein starker Trost! Und er soll es und wird auch Ihnen, seiner geliebten Mutter, sein."

Solche Briefe aus unmittelbarer Betroffenheit hat es mit dieser traditionellen Frömmigkeit nicht selten gegeben. Schon in der alten „Kriegstheologie" hat es den Glauben gegeben, dass der gefallene Soldat in den Himmel gezogen wird. Hier aber hat ein gläubiger Offizier die feste Glaubensüberzeugung, dass man den sieht, an dessen Verkündigung und Auferstehung man im Leben geglaubt hat. Der Glaubende sieht den, dem er im Leben nachgefolgt ist.

Soldatenbrief vom 8. August 1940

Fritz Reinecke hat am 8. August 1940 seinen 12. Rundbrief geschrieben. Leider sind die Rundbriefe 1 – 11 noch nicht aufgetaucht. In seiner Struktur wird der letzte Rundbrief von ihm typisch gewesen sein für alle Rundbriefe: Großen Raum nehmen die Berichte über einzelne Kameraden ein. Man sieht deutlich, wie verschieden ihre Aufenthaltsorte und ihre militärischen Eingliederungen sind. Jeder soll wissen, wo die einzelnen Vereinskameraden eingesetzt sind. Das ergibt die Möglichkeit, füreinander konkret zu beten.

Reinecke meint, diese Beobachtung gemacht zu haben:

„Ich muss doch feststellen, dass mancher durch die Schrecken des

Krieges und auch durch die Erfahrungen des Zusammenlebens mit so vielen anderen Kameraden viel reifer geworden ist und nicht nur Fragen um der Fragen willen, sondern der persönlichen Not und Kampfes willen da sind! So hat nach dieser Seite hin der Krieg auch wieder für viele, viele Menschen sein Gutes. Die Frage nach dem lebendigen Gott und das Erleben der persönlichen Schuld werden dringlicher. Möchte der Herr der Geschichte geben, dass alles Fragen nach ihm und alles Suchen nach Erlösung zum Finden kommt! Erst wenn wir den Standort auf dem Grund, der da Jesus Christus heißt, gefunden haben, werden uns auch so manche Dinge im Leben der Weltgeschichte, der Völker und im eigenen Leben klar werden und der Friede inmitten allen Unfriedens uns stark und getrost und mutig machen."

Hier dürfte Reinecke die Erfahrung wiedergeben, dass sich in allem propagandistischen Rummel der NS-Organe, der Zeitungen und des Rundfunks für viele Menschen die Gottesfrage neu stellt. Für viele Soldaten und für viele in der Heimat wurde die Frage immer dringlicher, wie man als einzelner Mensch und als Christ in dramatischer Kriegszeit mit seinen Härten und Ängsten bestehen kann.

Diese Kriegsfrömmigkeit aber äußerte sich in erster Linie in Gebeten, häufig in Stoßgebeten für die persönliche Bewahrung in Gefechten oder im Granaten- oder Bombenhagel. Es war der Schrei nach Erhaltung des zeitlichen Lebens. Und man dankte Gott, wenn man überlebte. Diese Frömmigkeit, geboren in existentieller Angst, war eine allgemeine Gottesfrömmigkeit, die den Schutz Gottes anrief, hatte mit Christusfrömmigkeit wenig zu tun, konnte aber ein Anknüpfungspunkt für die weitere Entwicklung eines christlichen Glaubens sein.

Eine weitergehende Reflexion stellt in diesem Brief ein mitgeteilter Beitrag von Wilhelm Hallenberger an: Er erkennt den Krieg als „große Sinnlosigkeit" und als Folge der Sünde, die nur zu ertragen sind durch den Glauben an Christus als den Sieger über die Sünde.

So haben viele „fromme Gemüter" gedacht: der Krieg ist eine sündhafte Schuld der Menschen, für die das Evangelium des Friedens und der brüderlichen Menschenliebe keine Bedeutung hat. Für sie ist der Ausbruch eines Krieges Schuld der handelnden Menschen, Schuld vor

Gott und den Menschen. Aber wenn er ausgebrochen ist, geht es um die Existenz des Volkes und des Staates, den Schöpfungsordnungen Gottes. Da ist der Christ in der Pflicht zum Gehorsam gegenüber der Obrigkeit, an diesem Sünde bleibenden Krieg teilzunehmen. Diesen hält er nur aus, weil er weiß, dass am Ende dieser sündigen Welt das „Reich Gottes" einbricht, ein Reich des vollendeten Friedens für alle Völker. In der furchtbaren Gegenwart, die er durchstehen und durchleiden muss, hofft er auf diese andere Zukunft.

Diese Form der Frömmigkeit hat es gerade unter den „entschiedenen Christen" gegeben. Sie haben den Krieg nicht gepriesen und verherrlicht, sondern ihn als Schicksal hingenommen und an ihm und in ihm gelitten. Was sie aber in der Regel nicht getan haben: einen denkbaren politischen Schritt in den Widerstand gegen die Sinnlosigkeit des Tötens und Mordens zu tun. Das ließ schon allein ihre patriotisch-moralische Erziehung kaum zu. Vor allem aber hinderte sie daran ihre Gewissensentscheidung, auch in dem Kriegshandeln der Obrigkeit einen göttlichen Auftrag zu sehen. Ihr Glaube an den 1. Artikel verhinderte ihre Nachfolge im Sinne des 2. Artikels. Ihr Glaube an die Schöpfungsordnung, der in der Obrigkeit ein Instrument göttlicher Weltordnung sah, ließ ihre Christusfrömmigkeit nicht zu möglichen politischen Konsequenzen kommen.

Wieweit dieses Denken im Soldatenkreis verbreitet war, lässt sich nicht genau ermitteln. Es gab auch jene Mitglieder, die den Krieg nicht als Sünde angesehen haben, sondern als geschichtlichen Weltwillen Gottes. Die Eigengesetzlichkeiten im Vollzug des Krieges konnten sie voll akzeptieren und das mit ihnen verbundene Leid als göttlich auferlegtes Leiden auf sich nehmen.

Wie ein Schreiben von Walter Hellwig zeigt, waren die Freude und der Stolz auf die ersten militärischen Siege sehr deutlich. Man feierte die schnellen Erfolge der Wehrmacht in Schulen und Kirchen, in Vereinen und an Stammtischen. Dass auch bei diesen Siegen ein Blutzoll zu bezahlen war, daran wird nur am Rande erinnert. Der Sieg hat eine große Faszination, die die Opfer von Menschen und die Zerstörungen von irdischen Gütern als notwendig hinnehmen lassen. Das schließt die Trauer über gefallene Angehörige und Freunde nicht aus.

Fritz Reinecke druckt ein Gedicht aus dem CVJM-Blatt „Pflugschar" ab:

Der jeden Morgen deine Nacht beendet
Und dich aufs neue ruft ins helle Licht,
der weiß zu allen Stunden, was er sendet,
weißt und verstehst du selber es nicht.
Und will dein Tag dir heute trüb erscheinen,
glaub: Wolken fliehen, keine ist von Erz,
und Tränen, die wir heute schmerzvoll weinen,
versiegen, wenn die Sonne morgen strahlt ins Herz.
So singe denn, vergiss darob die Wunden,
glaub' dich hindurch zum heilerfüllten Tag;
noch hat kein Schiff zum Hafen je gefunden,
das nicht erfahren Wogenprall und Wetterschlag.

Und der Kamerad August Schneider schließt seinen Beitrag mit den Versen:

Es muss uns doch gelingen;
Denn Gott ist unser Schutz.
Drum lasst uns fröhlich singen
Dem bösen Feind zum Trutz.
Er muss doch unterliegen
Mit aller Macht und List,
der Stärkere hilft uns siegen;
er heißet: Jesus Christ!"
(In: Gemeinschaftsliederbuch Nr. 193)

Soldatenbrief vom 19. Juli 1941

Fritz Reinecke musste Bochum verlassen. Drei Mitglieder des Kreises übernahmen die Herausgabe des Soldatenbriefes: Heinrich Winkelmann, Tilmann Beckers und Willi Niedermeiser. Winkelmann übernimmt die Hauptverantwortung für die Abfassung und das Verschicken des Briefes. Auf seinem Tisch im Wohnzimmer entstehen die Briefe, geschrieben mit einer Schreibmaschine und einzeln vervielfältigt.

Winkelmann weiß als alter Frontsoldat im Materialkrieg des Ersten Weltkriegs, wie eine Schlacht aussieht. Er hat unzählige deutsche Soldaten sterben und viele Feinde umkommen gesehen. Und er weiß, dass sich der alte Glaube angesichts des Blutbades verändert. In der Regel bewirkt das Fronterlebnis neues religiöses Nachdenken und kann den Glauben zum tragenden Element der frontsoldatischen Existenz machen. Er reflektiert:

„Aber welche innere Not und Anfechtung kann der Kampf für den Einzelnen bedeuten? Die blutige Wirklichkeit des Krieges greift ans Herz. Die tägliche nahe Berührung mit dem Tod lässt auch die Dinge des Glaubens und der Ewigkeit in einem anderen Lichte erscheinen als sonst. Wer inmitten der zerspringenden Granaten einmal die bewahrende Hand Gottes gespürt hat und sich getragen weiß von der Liebe Gottes, der spricht zu dem Herrn „Meine Zuversicht und meine Burg, mein Gott, auf den ich hoffe." In unseren Stunden denken wir gemeinsam Eurer im Gebet. Möge der Herr mit euch sein und seine schützende Hand über Euch halten."

Dieser Segen gilt für alle. Aber was ist mit denen, die nicht überleben? Die einen bedanken sich, wenn der Sieg eintritt. Die anderen, die das Leben verlieren, bekommen ein „Heldengrab". Ob überleben oder fallen, alles ist Gottes Wille. Aber das eigene Überleben hat den ersten Rang vor und in der Schlacht. Auch im Massenkrieg wird individuell gestorben. Man kämpft gemeinsam gegen den Feind und tötet so viele, wie man kann, aber man stirbt einsam, wenn man tödlich getroffen wird. Man stirbt in dem vorher gebildeten Bewusstsein, seine Pflicht gegenüber Gott und dem Vaterland getan zu haben. Ob der vor der Schlacht Todgeweihte nicht mehr an sein zurückliegendes Leben und an seine Eltern, an seine Freunde und vor allem an seine Frau und Kinder gedacht hat, die er alle nun verlassen muss, bevor er ein erfülltes Leben gelebt hat? Die offizielle Deutung des späteren „Heldentodes" dürfte kaum das ganze Bewusstsein der Soldaten vor ihrem Sterben getroffen haben.

Auch der Glaube einiger Soldaten, nach dem Tod bei ihrem Heiland zu sein, dürfte kaum vorher eine Freude am Sterben erweckt haben. Wie es auch im Einzelnen gewesen sei: die religiösen Überzeugungen gaben einem Teil der Soldaten Hoffnung und Haltung im grausamen Sterben des Krieges. Sie sind Ausdruck einer Sinnsuche im Kriegsgeschick. Die Hoffnung auf den Himmel lässt sie ihren Tod annehmen als Durchgang zum ewigen Leben.

Soldatenbrief vom 21. August 1941: Brief von Winkelmann an einen Freund

„Dass Du in den schweren Kämpfen die bewahrende Hand Gottes spürst und dadurch Mut und Kraft gewinnst, freut mich. Es ist gewiss nicht leicht, in dem großen vielfältigen Zeitgeschehen das innere Gleichgewicht zu bewahren. Besonders der Kämpfer an der Front hat manche Anfechtungen zu überstehen, um den inneren Menschen in Einklang zu bringen mit den äußeren, oft schlimmen und grausigen Erlebnissen der Schlacht und des Krieges überhaupt."

Wieder zeigt sich Winkelmann als Realist, wenn er auf die Anfechtungen hinweist, die der kämpfende Soldat in seinen grausigen Erlebnissen erfährt. Und er weiß, wie schwer es ist, das innere Gleichgewicht zu bewahren. Er beschreibt hier und an anderer Stelle nicht die „Süße", fürs Vaterland zu sterben. Er hat in lebendiger Erinnerung, wie die von Kugeln und Granaten getroffenen Kameraden als Leichen oder die Schwerverwundeten ausgesehen haben. Nirgends gibt es bei ihm einen ungebrochenen „Heldengesang". Für ihn stirbt ein Mensch, der aus Pflicht und Überzeugung sein Vaterland verteidigt. Dazu ist er wider alle zweifelnden Anfechtungen bereit. Er ist bereit, vor dem eigenen Tod die Feinde, die ihm gegenüberliegen, zu töten. Vor seinem eigenen Opfer ist er der, der seine Gegner erbarmungslos vernichtet. In diesem Kampf können sich bei ihm sogar beim Töten der Feinde Gefühle der Wonne und des Stolzes entwickeln. Überlebt man selbst, nimmt man mit Freude den Orden für seine Könnerschaft im Töten entgegen. Das alles hat Winkelmann während seiner eigenen Soldatenzeit erlebt. Er ist nicht der journalistische oder philosophische Interpret von Kriegsszenen aus der beobachtenden Distanz heraus, sondern weiß sich den jungen Kämpfern des neuen Weltkriegs zutiefst verbunden. Er kann die Situation des Kämpfenden nur aushalten, wenn er auf den schaut, der den anderen Geist in diese Welt gebracht hat und sie einst von allem Übel erlösen wird. Für ihn ist die verkündigte und geglaubte Christologie die Zuflucht und der Trost für die, die das konkrete Leid im Kriegsgeschehen erleben.

Soldatenbrief vom 25. September 1941

Winkelmann druckt einen Gruß ab, den er von seinem Gemeindepfarrer Wilhelm Schmidt aus dem Melanchthonbezirk bekommen hat. Zusammen mit seinem Amtsbruder aus dem Petri-Bezirk Gerhard Niedermeier stand er als lutherischer Theologe gegen die beiden DC-Pfarrer Dr. Klein und Bertelsmann. Vor dem CVJM, der mehrheitlich der Bekennenden Kirche nahestand, hatte Schmidt einige Bibelstunden gehalten. Dieser schrieb nun:

„Liebe Kameraden! Funker Wilhelm Schmidt, Fp. Nr. 11710 ist meine Anschrift. Herr Winkelmann hat mich mit auf Ihre Soldatenliste gesetzt, und ich bin's gerne einverstanden. – Ganz kurz: 8 Wochen Ausbildung in Bielefeld, kurzer Aufenthalt bei der Feldtruppe in der Normandie an der Küste und seit Pfingsten mit der Einheit im Zentrum des belgischen Industriegebietes. Kasernendrill, eintöniger Dienst, aber gute Kameradschaft und ordentliche Vorgesetzte. In der Stadt ein schönes Soldatenheim mit Kino. Jeden Sonntag ein schlecht besuchter evang. Wehrmachtsgottesdienst. Mit drei katholischen Studenten in der Kompagnie besonders feine Kameradschaft, in einer belg.-protestantischen Kaufmannsfamilie wie zu Hause. Seit einigen Tagen auch Dirigent unseres Soldatenchors. –

Wie schnell verfliegt doch alles, was nur Worte sind! Es bleiben nüchterne Tatsachen, die Wirklichkeit unseres Soldatendaseins. Daneben besteht nur noch echter, wohlbegründeter Glaube. Das Leben ohne Christus ist in seiner Haltlosigkeit, Unordnung und Selbstzerstörung kaum anderswo so lehrreich zu studieren. Bei der kämpfenden Truppe ist es anders. Im Angesicht des Todes sieht das Leben anders aus. Aber in Kasernenmauern, mit Leuten, die den Vormarsch im Westen mitgemacht und in Nordfrankreich ein Jahr lang gelebt haben wie nie zuvor: Ich muss bekennen, dass sich mir hier ungedachte Untiefen menschlicher Verderbtheit aufgetan haben. Man kann nur schweigen und beten. Und wenn man sich gar nicht mehr vor all dem blöden Gerede und Gesinge retten kann, dann helfen unsere Lieder, die ich mit Ihnen auch oft gesungen habe. Welche Kraft steckt darin, Dämonen zu bannen! Manchen Morgen habe ich auf dem sechsspännigen Bauwagen ein Lied für mich gesummt und dadurch den Ungeist abgeschüttelt, der mitwandert, wo Soldaten sind. „Morgenglanz der Ewigkeit", das königliche Lied hat ihn manches Mal in meinem Herzen aufleuchten lassen.

Versäumt nicht diese großen Zeiten geistlicher Übung und geistlichen Wachstums! In fürbittendem Gedenken!"

Schmidt hat hier und anders versucht, den aus Laien bestehenden Soldatenkreis eine von reformatorischer Theologie geprägte Hilfe zum Verstehen der Gegenwart zu geben. Seine Verkündigung und seine Theologie haben im CVJM-Kreis eine große Zustimmung erfahren. Hier weist er ganz realistisch auf die Moral der Soldaten in der Etappe hin. Er weiß, dass die zumeist jungen Soldaten in ihren Kasernengesprächen über das Thema Nr. 1, die Frauen, sprechen. Und er hat erfahren, dass sie nach Dienstschluss sich besaufen und Bordelle aufsuchen. Und er sieht, dass die Teilnahme an Gottesdiensten der Wehrmachtsseelsorge nur sehr gering ist. Er ist erschüttert über den moralischen Zustand der meisten seiner Kameraden.

Auch in diesem Brief wird über einzelne Freunde berichtet. Der Teilnehmerkreis am Donnerstag im CVJM-Heim in der Oskar-Hoffmann-Straße war inzwischen klein geworden. Nur noch zehn Mitglieder saßen beisammen und reflektierten ihren Glauben in außergewöhnlicher Zeit.

Winkelmann bietet als Nachtrag zu dem Brief „zum Auswendiglernen und inwendig" zwei Texte an: Psalm 139 und das Lied „Morgenglanz der Ewigkeit". Diese Hilfen bietet er später öfter an. Er will den Glauben der Freunde, die häufig in der Armee in einem Klima der Ablehnung des Christentums und christlicher Moral leben müssen, wachhalten und mit Inhalten füttern.

Soldatenbrief vom 24. April 1942

Winkelmann beginnt den langen Brief mit einer Analyse der Lage: „Der harte, erbarmungslose Winter ist vorüber. Ihn benutzten die Divisionen des Bolschewismus, um dem Verlauf des Krieges eine andere Wendung zu geben. Der Winter sollte die Entscheidung bringen, die Naturgewalten wollte Moskau sich zunutze machen, sie sollten helfen, den Weg ihres Mordens und Brennens nach Deutschland zu bahnen. Wie immer, so haben unsere wackeren Truppen auch diese Gefahr siegreich abgewehrt. Wir in der Heimat konnten beruhigt sein, uns schützte die starke Front unserer Kämpfer. Dieser Winter war für unsere Soldaten sicherlich die härteste Zeit des Feldzuges. Selbstverständlich ist, dass die Gedanken der Heimat immer wieder bei ihren Kämpfern an der Front waren und man darf sagen, dass bei allen ernst denkenden Menschen der Heimat doch ein Streben vorhanden ist, sich den Männern der Front würdig zu erweisen. Der Endsieg wird unsere ganze Kraft und unseren ganzen Einsatz erfordern. Und da sind wir natürlich mit dabei und sind mitbetroffen, wo wir auch immer stehen mögen. Ihr an der Front bindet zum Frühjahr den Helm fester und wir in der Heimat schnallen den Leibriemen enger, weil wir den Krieg gewinnen wollen und weil wir einsehen, dass wir es schaffen müssen."

Die Einnahme Moskaus war gescheitert. Die deutschen Truppen hatten eine neue Front errichtet. Die Zeit der schnellen Siege war damit vorbei. Aber diese neue militärische Lage änderte nicht den Glauben an den Endsieg über den Todfeind Bolschewismus. Der Begriff Endsieg beinhaltete bis 1945 die Sehnsucht und die Überzeugung der meisten Deutschen. Für ihn waren sie zu allen Opfern bereit.

Auch Winkelmann gehörte zu denen, die sich das Ende des Krieges nur mit einem Endsieg vorstellen konnten. Besonders der Senior im Soldatenkreis Johannes Förster, der 1888 seine militärische Dienstzeit angetreten hatte, ermahnte in einem angehefteten Brief, die Heimat stark zu halten, und er endet seinen Aufruf mit der alten Losung: „Vorwärts mit Gott, der mit uns sein wird, wie er mit den Vätern war!"

Und Winkelmann formuliert nach mehrseitigen Berichten über das Schicksal der Kameraden:

„Und wer in ständiger Lebensgefahr ist und sozusagen mit dem Tode auf Du und Du steht, der fühlt sich auch der Ewigkeit näher, der sieht nicht nur die Notwendigkeit, sondern spürt auch mehr die Wirklichkeit des Geborgenseins in der Hand eines liebenden Vaters. Doch nicht so, dass unter allen Umständen sein Weg wie auf Rosen gebettet sein müsste. Nein! Doch so, dass wir unter der Anfechtung erstarken…"

Zum gemeinsamen Lesen der Schrift fügt Winkelmann für die Monate Mai und Juni die Tageslesen bei und schließt seinen langen Brief mit dem Lied von Paul Gerhardt: „Der Grund, da ich mich gründe, ist Christus und sein Blut". Tägliches Bibellesen und Gesangbuchlieder gehörten für die CVJM-Mitglieder zum Alltag ihres Lebens.

Am gleichen Tag der Abfassung dieses Soldatenbriefes schreibt Winkelmann einige handschriftliche Zeilen an Pfarrer Wilhelm Schmidt, zu dem er und seine Familie ein besonders nahes persönliches Verhältnis gehabt haben:

„Lieber Herr Pastor!

Indem ich Sie hiermit nochmals besonders grüße, bitte ich Sie, wenn es Zeit und Umstände Ihnen erlauben, nochmal einen seelsorgerlichen Gruß aus Ihrem Erleben den Kameraden für den nächsten Rundbrief mir zu schreiben. Am 10.5. predigt Oberkonsistorialrat Philipps in Melanchthon, wozu unser Frühgottesdienst ausfällt und zum Hauptgottesdienst eingeladen wird. Nachdem vor etwa 4 Wochen Annemarie Klein gestorben ist, hat Pastor Klein gestern Abend, wie ich hörte, Nachricht erhalten, dass sein Sohn gefallen ist. Gott mit Ihnen und herzliche Grüße, auch von meiner Familie Ihr Heinrich Winkelmann."

Dem Wunsch von Winkelmann an Schmidt kommt dieser in einem Brief am Himmelfahrtstag im Mai 1942 nach:

„Es ist mir in diesem kurzen Gruß ein Anliegen, Euch auf die drei Lebensbereiche hinzuweisen, in dem ein Christ lebt und auf die Bedeutung dieser drei Bereiche für die Festigkeit unseres Herzens:

Wir bekennen den ersten Artikel und glauben an die Schöpfer- und Erhalter-Allmacht Gottes. Auch im Kriege bleibt das Ebenbild Gottes in uns als ein kostbares Geschenk und als hohe Aufgabe. Das Herrsein über die ganze Erde, zuerst jedoch das Herrsein über uns selbst in der demütigen und gehorsamen Gebundenheit an den Herren aller Herren, darin liegt die Würde des Menschen, dem Gott Sein Gepräge gab. Ein großer Reichtum tut sich uns da auf, ich kann ihn nur kurz andeuten. Aber dieser Gedanke ist mir für uns alle wichtig: In der Bedrängnis des Herzens ist uns das Gebot Gottes, Ihn „über alle Dinge zu fürchten" und sich in solcher Gottesfurcht als ein „Herr aller Dinge" zu bewähren, ein fester Halt. Gott bewahre uns vor jeder würdelosen Haltung, durch die wir der Ehre Gottes und uns selbst als Gottes Ebenbild Schande bereiten."

Gott wird als Schöpfer und Erhalter bekannt. Sein Geschenk an den Menschen: sein Ebenbild zu sein. Das ist Gabe, die zugleich den Menschen verpflichtet, sich in der Bindung an diesen Gott seine ihm geschenkte Würde zu bewahren und zu bewähren. Er kann sich nicht würdelos machen. Schmidt denkt theologisch das Herrsein Gottes zusammen mit dem Menschsein und dem Menschwerden des Geschöpfes. Er weiß, wie gerade im Krieg das Ebenbild Gottes dem Schöpfer Schande macht und das Geschöpf sich selbst Schande macht.

„Wie bekennen den zweiten Artikel und glauben an die Erlösungsmacht des Sohnes Gottes. Die Entfesselung ungeheurer, zerstörerischer Naturkräfte stellt im Kriege den Glauben an den Schöpfer und Erhalter auf eine harte Probe. Der moderne Materialkrieg zerschlägt jedes selbstsichere Herrentum. Uns Christen fällt die Demütigung unter die gewaltige Hand Gottes gar nicht schwer, wenn er im Lärm der Schlachten zu uns redet. Wie jämmerlich klein und zaghaft wird doch auch unser Herz! Und wenn dann noch die Sünden unseres jungen Lebens in unserer Erinnerung aufstehen: Tiefer kann die Not nicht sein. In solcher Stunde ist dann nicht nur das Gebot unseres himmlischen Herrn über uns. Er selbst in seinem Sohne geht auf allen Wegen neben uns als unser Freund und Bruder. Er nimmt die Not der Sünde und all die kleinen und großen Ängste des Herzens von uns. Der größte Sieger tritt an unsere Seite. Er lehrt uns, den Vater und Sein ewiges Reich „über alle Dinge" zu lieben. In solcher Liebe sind wir stark und froh."

Dass Gott im Lärm der Materialschlacht zum verzagten Kämpfer spricht, lässt sich seelisch und konkret nur durchhalten, wenn Gott selbst in seinem Sohne Christus als Freund und Bruder des Kämpfenden anwesend ist. Christus selbst tritt als der Sieger an die Seite der Kämpfenden und lehrt, den Vater und sein Reich zu lieben. Und das macht den Glaubenden „stark und froh".

Hier wird eine Theologie formuliert, wird eine Verkündigung betrieben, die Gott in Jesus Christus im Gang der Waffen anwesend sein lässt. Christus bei den Seinen auf den Schlachtfeldern – ein Glaube, der allem kriegerischen Geschehen Sinn und Zuversicht geben soll. Christus ist bei denen, die gegen den Feind stürmen und bei denen, die durch Kugeln und Granaten zerfetzt werden oder als Verwundete qualvoll sterben müssen. Und er ist bei denen, die die Feinde aus ihren Stellungen jagen und sie so zahlreich wie möglich niedermetzeln. Töten und getötet werden – in allem ist Gott mit seinem Sohn am Werk. Ob sie nun ins Grab sinken oder Sieger werden – der Glaubende nimmt alles als Gottes Willen hin. Dass hier vielleicht der Gegenspieler Gottes als der große Zerstörer sein blutiges Werk betreibt und die Unverantwortlichkeit der politisch und militärisch Verantwortlichen in Szene gebracht wird, dass man um einer Ideologie willen Hekatomben von Menschen sich abschlachten lässt – diese Interpretation kommt dem Schreiber nicht in den Sinn. Der sonst das Dämonische und Teuflische im einzelnen Menschen so schnell erkennende Theologe lässt das Kriegsgeschehen und das Kriegshandwerk ohne Abstriche als Handeln des geschichtswaltenden Gottes gelten. In diesem Glauben entwickelt sich nicht die Spur eines Aufbegehrens gegen die organisierte Tötungsmaschinerie. Die Frage nach der Verantwortlichkeit einer Theologie, die im Endeffekt die religiöse Legitimation der ideologisch fundierten Kriegsführung bedeutet, hätte gestellt werden dürfen.

„Wir bekennen den dritten Artikel und glauben an den heiligen Geist in seiner Gemeinde. Nun ist der lebendige Gott nicht mehr nur über uns und nicht nur neben uns; er ist allezeit und überall in uns und wir in ihm. Ein neuer Geist, ein neuer Mensch, eine neue irdische Heimat, die zugleich im Himmel ist. Der gläubige Kamerad wird uns Bruder in Christo. Die Macht der Fürbitte überbrückt alle Trennung und umgibt uns wir eine feste Mauer, das Heimatrecht in der himmlischen Welt, darin erfüllt sich die Köstlichkeit des festen Herzens, ‚welches geschieht durch Gnade‘.

Es gibt Kameraden, denen die Wirklichkeit des Schöpfergottes machtvolle Hilfe bedeutet in allen Lebenslagen. Andere Kameraden hören mit dankbarem Herzen die stärkenden Worte und fühlen die hilfreiche Nähe des himmlischen Freundes. Und wieder anderen Kameraden ist es geschenkt, die Kräfte des Geistes Gottes zu empfangen. Uns sind alle Türen offen! Was macht es, durch welche Tür wir eingehen, wenn wir nur ins Heiligtum gelangen! Die Fülle der göttlichen Kräfte bietet sich uns dar. Wenn wir nur nehmen! In treuem Gedenken! Euer Kamerad Wilhelm Schmidt.“

Auch der 3. Artikel erfährt eine aktualisierende Bedeutung. Der heilige Geist ist in der glaubenden Gemeinde, aber auch in jedem Einzelnen. Er macht den Menschen und seine irdische Heimat neu. Und er gibt Heimatrecht in der himmlischen Welt. Die präsentische Existenz des Glaubenden ist zugleich seine futurische und umgekehrt. Die Konsequenz: was auch geschieht, die Realpräsenz Gottes ist immer gegeben. Und wie die Kameraden ihren Glauben verstehen: als helfenden Schöpfergott oder als Christusnähe oder als mit dem Geist Gottes Begabte – über jeden Glaubensartikel kann der Weg zum dreieinigen Gott führen.

Als Pfarrer unter seinen Kameraden wird Schmidt eine Fülle ihres religiösen Selbstverständnisses erfahren haben. Jede wie auch immer geformte Frömmigkeit ist für ihn ein Anknüpfungspunkt für weitere Schritte auf einen an Schrift und Bekenntnis gebundenen vollen christlichen Glauben.

Nach den theologischen Reflexionen von Schmidt bringt Winkelmann noch Auszüge aus Feldpostbriefen der Kameraden. Einer berichtet, dass ihm das Herrnhuter Losungsbüchlein die

„rechte Aufmunterung für Herz und Gemüt bedeutet. Über allem aber steht das einsame Gebet mit Lob, Dank und Fürbitte. Letzteres ist für uns als Gemeinde unsere vornehmste Aufgabe ... Gott gebe uns Kraft, dass wir uns recht bewähren. Der Tod unserer Kameraden mag uns mahnen und verpflichten, zu gleichem Opfer bereit zu sein, wenn Gott will."

Der Tod von Kameraden kann zur Verpflichtung beitragen, zum gleichen Opfer bereit zu sein, wenn es der Herr über Leben und Tod will. Auch die Todesart, getroffen von Kugeln oder zerfetzt durch Granaten, verwundet oder lebenslang ein Krüppel zu sein – es ist alles unterschiedslos Gottes Wille. Dass es vielleicht widergöttliche und widermenschliche Kräfte sind, die den Krieg zur „Hölle" machen – diese Möglichkeit wird nicht thematisiert. Ganz zu schweigen davon, dass man nach den politischen und ökonomischen Ursachen der Rüstung und des Kriegsausbruchs fragt. Die Frage nach der Verantwortlichkeit der Machthaber in den einzelnen Nationen für das kriegerische Drama bleibt ungestellt. Diese Theologie, die alles auf den Willen Gottes reduziert, schottet sich ab vor der Analyse der realen irdischen Machtverhältnisse, die einen Krieg bewusst wollen und ihn als Mittel ansehen, ihre nationale Macht weltweit zu vergrößern.

Diese Fragen nach einer von den Geboten Gottes und von der Friedensbotschaft Jesu normierten politischen Ethik werden nicht gestellt. Eine Theologie, die alles geschichtliche Geschehen als göttlichen Weltwillen versteht, klammert die Mitverantwortung der Geschöpfe Gottes für eine humane Welt aus. Eine bestimmte Form von Frömmigkeit, die die geschöpfliche Mitverantwortung für Humanität und Frieden nicht thematisiert, führt zur Ausblendung der politischen Dimension im geistig-seelischen Haushalt von Zeitgenossen.

Winkelmann gehört zu denen, die als bewusste Christen diese Zusammenhänge nicht durchdacht haben. Es ist eine unpolitische Theologie, die sich den Grundfragen der realen zwischennationalen Konflikte entzieht. Sie nimmt auch nicht Stellung zu den nationalen Kriegszielen. Es fehlen Aussagen und Bewertungen der nationalsozialistischen Kriegsführung und ihrer imperialen Ziele. Die nationalsozialistische Eroberungspolitik wird genau so wenig hinterfragt wie die völkerrechtswidrige totale Kriegsführung. Die Folge ist eine grenzenlose Loyalität zum Führer und seiner Politik. Sie zu kritisieren, wäre identisch mit der Verweigerung, in ihm nicht die gottgesetzte Obrigkeit zu sehen und seine Gehorsamsverpflichtung aufzugeben.

So kommt es dazu, dass die Soldatenbriefe in beachtlicher Weise die ganz persönlichen Erlebnisse und Probleme frömmigkeitsmäßig und theologisch durchdenken, aber nicht die konkreten Probleme eines ideologisch begründeten totalen Krieges zur Sprache bringen.

Soldatenbrief vom 7. Juni 1942

Die Soldatenbriefe wollen die Klammer zwischen den Kämpfern in der Heimat und an den Fronten sein. In der Tat dürfte dieses von ihnen geleistet worden sein. Es gibt nicht viele vergleichbare Kleinkreise, die so eng in Kontakt geblieben sind wie die Freunde aus dem CVJM Bochum. In diesem Brief wird ein umfassender Überblick über das Leben und das Schicksal von rund 20 Kameraden gegeben. Es ist ein Panorama über die damalige Zerstreuung der Freunde über ganz Europa hinweg. Winkelmann vollbringt mit seiner Schreibmaschine auf dem Wohnzimmertisch eine zeitaufwendige und organisatorische Leistung in der Zusammenstellung der Briefe und mit ihrer postalischen Auslieferung. Zum Schluss des Briefes heißt es:

„Zuletzt grüßt P. Wilhelm Schmidt unsern Kreis. Von ihm fügen wir ein Grußwort auf besonderem Blatt bei, um das ich ihn gebeten

hatte. Wir wollen, liebe Kameraden, dieses Wort nicht nur lesen, über-
lesen, sondern auch durchdenken und darüber, wenn möglich, in der
Stille zum Gebet kommen, so wirkt es Segen und macht innerlich stark,
ja bewahrt uns ein festes Herz."

Dieser Anhang von Schmidt fehlt in der Sammlung von Winkelmann.
Er zeigt aber, dass es zwischen ihm und dem Soldatenkreis eine enge
Verbindung und brüderliche Gemeinschaft gegeben hat. Ein Theologe
und Seelsorger wie Schmidt hatte in diesem Laienkreis eine besondere
Bedeutung.

Soldatenbrief vom 30. Juli 1942

Der Brief beginnt mit einer seelsorgerlich bestimmten Passage.
Winkelmann weiß, dass die Kriegsteilnehmer in der Gefahr stehen, an
ihrem Glauben Schaden zu nehmen. Er will ihren Glauben stärken
durch das Zursprachebringen einzelner paulinischer Aussagen. Für sein
Glaubensverständnis zentral sind Sätze wie:
„So wahr es ist, dass wir zu Christus kommen dürfen, so wie wir
sind mit unserer Schuld und Sünde, so wahr ist es aber auch, dass wir
nicht bleiben dürfen, wie wir sind, sondern wachsen müssen im Glauben,
an uns arbeiten müssen, dass Christus in uns Gestalt gewinne, dass wir
den Weg der Heiligung betreten müssen, um ihm ähnlicher zu werden."
Winkelmann macht ernst mit der reformatorischen Lehre von Recht-
fertigung und Heiligung. Für ihn wird die durch das Christusgeschehen
erfahrene Gnade konkret im neuen verantwortlichen Leben des Glaubenden. Der Glaube schenkt neue Menschlichkeit, die sich im praktischen Leben zu bewähren hat. Er geht sogar noch einen Schritt weiter,
wenn er den Gedanken der zunehmenden Ähnlichkeit des Glaubenden
mit Christus äußert. Die Gestalt und der Geist Christi können in Pro-
zessen der Heiligung des Glaubenden konkret werden. Der Glaube an
Christus kann zur praktischen Gestaltung des Lebens als eines Chris-
tusjüngers kommen.

Winkelmann aktualisiert hier den alten theologischen Grundgedanken der Christusähnlichkeit. Seinem Denken und Sprechen geht es um das Leiblichwerden der im Glauben anwesenden Christuswirklichkeit. Sein theologischer Christozentrismus und seine Christusfrömmigkeit werden überdeutlich.

Und auch in diesem Brief gibt es einen langen Bericht über das Ergehen der Kameraden. Eingeflochten in den Bericht ist ein Brief des früheren Gemeindepfarrers im Melanchthonbezirk Walter Engelbert, dem viel an Kontakten mit seinen alten Freunden aus dem CVJM liegt.

Am Schluss dieses Briefes zitiert er einen Beitrag aus der Zeitschrift des CVJM „Die Pflugschar", der seinem eigenen Glauben entspricht: „Darum ist die Bereitschaft zur letzten Hingabe und zum größten Opfer, das je ein Mensch bringen kann, immer auch Bereitschaft zum Gehorsam gegenüber dem Gottes-Ruf, den jeder Mensch in seinem Leben hören muss, wenngleich er auch in jedem Menschenleben anders geartet sein wird. Die Tatsache des „Gott-ruft-noch" wird in unseren Tagen, wo wir um die Neugestaltung unseres deutschen Lebens ringen, greifbar in der Forderung zur Hingabe des Lebens. Ich kann den Ruf hören als Soldat im Angesicht des Todes und als Mann oder Frau in der Heimat in der Opferbereitschaft des Liebsten, das ich habe. Immer ist es Gott, der ruft, und dieser Gott ist unser Vater, der eben niemals in den Tod hineinruft, sondern durch den Tod in das Leben mit ihm.

Der Ruf zur letzten Hingabe ist für uns alle ein Gottesruf und auch eine Gottesfrage. Ein Gottesruf insofern, als es den Gehorsam in der Schöpfungsordnung zu bewahren gilt, in der er uns mit unserer Geburt hineingestellt hat, und eine Gottesfrage insofern, als wir wahres Opfer durch Tod zum Leben nur geben können im Glauben an die Leitung Gottes. So stehen wir in der gleichen Situation, in der im Weltkrieg Gorch Fock gestanden und in der er sich so entschieden hat: „Und wenn ich falle, so falle ich nur in die geöffnete Hand meines Heilandes."

Diese Interpretation findet sich in vielfältigen Variationen in der „Kriegstheologie": im Gehorsam gegenüber der Schöpfungsordnung ist der Christ bereit, im Gehorsam sein Leben für Volk und Staat zu lassen. Und dieses Opfer wird der Übergang vom irdischen zum himmlischen Leben. Die Erwartung, bei Gott und seinem Sohn, dem Heiland, zu sein, ist viel bezeugt. Sie war eine Hilfe, die Angst im Kämpfen und Sterben zu nehmen. So ergab sich ein letzter Sinn des Verlassens dieser Welt. In der Tat hat dieser eschatologische (endzeitliche) Glaube für viele Christen Trost bedeutet.

Man sollte diese Frömmigkeit nicht abschätzig beurteilen. Ein verstehender Respekt selbst vor problematischen religiösen Überzeugungen sollte im Blick auf das Erleben der „Hölle auf Erden" bestehen bleiben. Die Empirie des Schlachtfeldes zeigt: Entweder versinkt der Krieger in verzweifelten Nihilismus oder er hofft nach seinem Ende auf einen neuen himmlischen Anfang.

Winkelmann gibt in seinem wieder ausführlichen Soldatenbrief das Gebet von Emil Klein wieder, der zusammen mit Tilmann Beckers zu den „Prominenten" des Kreises gehörte:

„Wir wollen Gott bitten, dass er ein baldiges Ende des Krieges mache und uns einen Frieden gebe, der die Freiheit und Eigenbeständigkeit unseres Volkes und Landes gewährleistet. Wir wollen ihn bitten, dass er unseren tapferen Truppen an den verschiedenen, so sehr umkämpften Fronten Kraft, Mut und Ausdauer gebe, um die Feinde von unseren Grenzen fern zu halten. Wir wollen ihn bitten für den Führer und seine Ratgeber, dass er ihnen in diesen schweren Zeiten ganz besonders viel Kraft gebe und sie mit Weisheit erfülle, das zu tun, was zum Besten unseres Volkes und Landes ist. Nicht zuletzt wollen wir ihn auch bitten, dass Gott unserm Volke noch einmal eine Heils- und Gnadenzeit gebe, sich wieder ihm hinzuwenden und sein Evangelium wieder auf- und annehme."

Um Frieden wird in vielen Gebeten dieser Zeit gebetet, aber immer um ein Kriegsende, das Deutschlands Freiheit und Souveränität sichert. Die meisten Gebete sind Gebete für einen „Siegfrieden". Und dass Gott dem Führer Weisheit gebe, bleibt bis zum Kriegsende gesamtprotestantischer Gebetswunsch.

Einen anderen Ton schlägt Emil Klein mit seinem Gebet an, wenn er darum betet, dass das Volk den Krieg als eine „Heils- und Gnadenzeit" erlebe und das Evangelium wieder annehmen werde. Er hat die Hoffnung, dass gerade Kriegszeiten zur Rückbesinnung auf die christliche Botschaft führen. Tiefste Religionslosigkeit oder gar Christentumsfeindschaft, wie er sie erlebt hat, möge sich umwandeln in neue alte Gläubigkeit. Wie Klein haben viele Christen gedacht und gehofft: die Nachkriegszeit wird auf dem Hintergrund der Kriegserfahrungen eine Wiedergeburt des Glaubens und eine Stärkung der Kirche.

Winkelmann schließt seinen Brief mit diesen Sätzen:

„In dem tiefen Leid dieser Zeit brauchen wir Trost. In mir klingt noch der Predigttext des letzten Sonntags, des Muttertages nach: „Ich will dich trösten, wie einen seine Mutter tröstet." Ja, die Mütter haben von Gott ein Trösteramt empfangen und wie verstehen es manche Mütter dieses Amt auszuüben. Jeder denke an seine Mutter! Wir wissen es alle aus jungen und alten Tagen, wie die Mutter immer Verständnis für die Nöte des Kindes hat, immer ist sie hilfsbereit, immer weiß sie Trost zu spenden. Kein Wunder, dass Mutterwesen zum Beispiel wird, um Gotteswesen zu erklären. Paul Gerhardt singt: Denn wie von treuen Müttern in schweren Umgewittern die Kindlein hier auf Erden mit Fleiß bewahret werden, also auch und nicht minder lässt Gott ihm seine Kinder, wenn Not und Trübsal blitzen, in seinem Schoße sitzen…"

Aus eigener Lebenserfahrung im Frieden und im Krieg kennt Winkelmann die besondere Bedeutung der Mütter. Sie kümmern sich rund um die Uhr für die Versorgung der Familie, sie stehen stundenlang für Lebensmittel und Kleidungsstücke an und bangten um das Leben ihrer Männer oder Söhne. Wenn der Mann und Vater gefallen war, sorgten sie für die vaterlosen Kinder. Und wenn die Kinder im Bombenhagel umkamen, trugen sie die Last der Beerdigung. Wenn es zur Flucht ging, organisierten sie den Treck. In allem waren sie zudem die, die noch liebevolle Gesten und tröstende Worte für die Hilflosen und Verzweifelten fanden.

Es ist in der Tat so, dass die Mütter, wenn ihre Städte den Luftangriffen ausgesetzt waren, die Zerstörung ihres Wohnumfeldes und das

Sterben der Menschen hautnah erlebt haben. Sie mussten wehrlos und ohnmächtig mit ansehen, wie alles in Trümmer versank. Und gerade sie waren es, die nach den Terrorangriffen das physische Überleben organisierten und halfen, die psychischen Schäden zu lindern. (Es fällt auf, dass das Erleben von Müttern und deren Leistungen im Krieg selten Gegenstand der historischen Forschung ist.)

Es zeichnet den Zeitgenossen und Familienmenschen Winkelmann aus, dass er das besondere Schicksaal der Frauen und Mütter gesehen und gewürdigt hat.

Soldatenbrief vom 17. September 1942

Dieser Rundbrief besteht aus zwei Beiträgen von Tilmann Beckers und Emil Klein. Hier begegnet uns eine weitere Form von intensiver Laienfrömmigkeit in einfacher Sprache.

Beckers schreibt:

„Nun liegen schon drei Kriegsjahre hinter uns. Jahre stillen und zähen Heldentums, aber auch Jahre tiefer Trauer und großen Schmerzes. Nächst Gott danken wir unseren Soldaten und damit Euch, ihr lieben Freunde dafür, dass der Feind unserm Land ferngehalten wurde. Wenn wir auch hier in der Heimat manchen Fliegerangriff erleben mussten (Bochum wurde gnädig bewahrt), so ist das nicht zu vergleichen, was unsere Brüder draußen zu leisten und zu erdulden haben.

Und wie mancher unserer lieben Freunde kehrte nicht wieder. Wie gedenken ihrer in stiller Trauer und bitten den Herrn, dass Er die lieben Eltern und Geschwister stärken und trösten möge. Menschen, die keinen Halt haben, müssen dann verzagen. Aber wir sprechen mit dem Psalmisten (73,23-26): „Dennoch bleibe ich stets an dir, denn du hältst mich bei meiner rechten Hand, du leitest mich nach deinem Rat und nimmst mich endlich mit Ehren an." Und voll Glaubenszuversicht dürfen wir auf das große „Warum?" und „Was soll ich noch, wenn mir alles genommen ist?" sagen: „Wenn ich nur dich habe, so frage ich nichts nach Himmel und Erde. Wenn mir gleich Leib und Seele verschmachten, so bist du doch, Gott, allezeit meines Herzens Trost und mein Teil". Wenn wir so sprechen können, kann uns nichts mehr anfechten. Auch wenn wir die Frage nach dem, was noch kommen wird, stellen, brauchen wir nicht zu verzagen, sondern getrost und freudig sprechen: Gott ist unsere Zuversicht und Stärke. Es kann uns nichts geschehen, als was er ersehen und was uns dienlich ist. Allerdings führt uns Gott häufig Wege, die uns nicht gefallen, wo wir in die Stille geführt werden. So erging es mir, als ich frisch und gesund, gut erholt aus den Ferien heimgekehrt. Am ersten Morgen meines Dienstes erlitt ich einen leichten Schlaganfall mit linksseitiger teilweiser Lähmung. Da musste ich in die Stille und drei Wochen das Bett hüten. „Warum?". Man lernt im Aufblick zu dem Herrn sprechen: In seine Hand hineingelegt, bleib ich in stiller Ruh. Wie er mich führt, wie er mich trägt, das stehet ihm nur zu. Also, meine Freunde, lasst uns zu Beginn des vierten Kriegsjahres im Vertrauen auf den Herrn getrost in die Zukunft schauen. Der Herr wird der gerechten Sache zum Siege verhelfen.... Es kommt also nichts zu uns, was nicht von Gott genehmigt ist. Wenn wir das wissen, dürfen wir trotz Krieg, Not und Tod die fröhlichsten Menschen sein."

Dieses klare Bekenntnis zur Allwirksamkeit Gottes im Leben des Einzelnen und im Leben der Völker und Staaten lässt ein letztes Ja zum Kriegsgeschehen, auch wenn es noch so hart ist, sprechen. Die Bewahrung durch Gott steht im Zentrum dieses frommen Bewusstseins. Gottes menschenfreundliche Gebote, die Barmherzigkeit und Menschenliebe gebieten, spielen keine Rolle. Sie haben ihr Moratorium. Das Zerstören von Dörfern und Städten, das Massentöten und die Ausbeutung eroberter Gebiete – dieses und vieles mehr – fällt alles unter Gottes Willen. Dieser Gottesglaube, der sich konzentriert auf das Weiterleben dürfen oder das Sterben müssen des Glaubenden, eröffnet nicht den Raum für die Frage, ob es nicht geboten sein kann, für baldigen Frieden einzutreten und nicht nur für siegreichen Frieden zu beten. Diese Dimension einer Mitverantwortung für weltliches Geschehen wird nicht eröffnet. Die Welt zu nehmen, wie sie ist und wie sie werden wird, als Gottes Willen zu erklären, verhindert jeden Kampf für eine bessere Welt. Die Entpolitisierung des Glaubens ist perfekt.

Der Brief von Emil Klein mahnt zur Geduld im Alltag des Kriegserlebnisses. Er mahnt, sich ein festes Herz zu erarbeiten. Er ist ein Beispiel für das seelsorgerliche Bemühen eines Mitchristen, im Blick auf die Geduld Gottes mit den Menschen und das Vorbild Jesu Christi „ein geduldiges und festes Herz zu haben."

Geduld in den schwer überschaubaren und ständig wechselnden Kriegsläuften wie in den eigenen Alltagserfahrungen zu haben, ist ohne Zweifel eine seelische Überlebensstrategie. Sich ein festes Herz in aufregender Zeit zu erhalten, dürfte für viele eine hilfreiche Mahnung gewesen sein.

Zu sehen ist aber gleichzeitig, dass ein Stück Ungeduld in der zunehmenden Dauer und der Radikalisierung des Kriegsgeschehens ebenso nötig gewesen wäre. Eine noch so leise Kritik an der Kriegsführung Hitlers und seiner Generäle kann in diesem Denk- und Gefühlsklima nicht Raum greifen. Eine politisch widerstandslose Hinnahme der Wirklichkeit eines Großkrieges ist die Folge. Es galt, ihn bis zum siegreichen Ende durchzustehen.

Soldatenbrief vom 22. November 1942

An diesem Totensonntag schreibt Winkelmann einen langen Soldatenbrief. Er ist beeindruckt von der Predigt, die Pastor Niedermeier gehalten hat über „Selig sind die Toten, die in dem Herrn sterben" – selig sind auch die Gefallenen, die von ihrer Arbeit ruhen und deren Werke ihnen folgen. Wieder ist es die Seligsprechung derer, die im Einsatz vor dem Feind gefallen sind, für die „Gottes Wort eine herrliche Wirklichkeit" ist, das auch die Lebenden „zu gleichem Einsatz und gleichen Opfer" bereit macht.

Militärisch sieht der Kommentator durchaus realistisch die Lage in Afrika und bei Stalingrad. Aber noch hofft er, dass die Gegner friedensbereit werden. Aber dazu „bedarf es noch großer Anstrengungen von

Front und Heimat, dazu wollen wir uns immer wieder erneut innerlich bereit machen lassen." Noch glaubt er – mit einer großen Mehrheit der Deutschen –, dass die Wehrmacht in der Lage ist, den Gegner zum Frieden zu zwingen. Dieses offizielle nationalsozialistische Credo ist auch das Credo des Christen Winkelmann.

Die wieder seitenlange Darstellung über das Befinden der Soldatenkameraden zeigt, dass Winkelmann sich eine unendliche Mühe gegeben hat, alle Leser der Rundbriefe mit Informationen über die Lage der Kameraden zu versehen. Es dürfte eine große Leistung nach Feierabend und an den Sonntagen gewesen sein, diese Briefe geschrieben und verschickt zu haben.

Soldatenbrief vom 7. August 1943

Zwischen November 1942 und dem 7. August 1943 haben wir keine Soldatenbriefe. Anfangs entschuldigt sich Winkelmann für das lange Ausbleiben des Soldatenbriefes. Er weist auf persönliche Umstände hin und auf seine Mitarbeit beim Stollenbau auf dem Hof der nahe gelegenen Bismarckschule.

Inzwischen hatte sich vom Frühjahr 1943 an die Lage an der Heimatfront sehr verändert. Die Briten und Amerikaner hatten mit der Flächenbombardierung der Städte begonnen, und es begann für die Bevölkerung eine Kriegsphase, in der sich das Leben radikal veränderte. Und auch an den Fronten zeichneten sich neue Konstellationen ab: Die USA-Streitkräfte bereiten sich von Sizilien aus auf den Angriff auf Italien vor und im Osten tobt nach der Niederlage von Stalingrad eine große Entscheidungsschlacht. Aber vor allem in der Heimat hat sich durch die schweren Bombenangriffe die Lage der Bevölkerung entscheidend verändert. Winkelmann konstatiert:

„Man erkennt immer mehr, nicht nur der Soldat an der Front muss sich bewähren, auch das Volk in der Heimat steht in schwerem Kampf und in großer Anfechtung. Innerlich festbleiben ist darum unsere Parole bei den schweren Terrorangriffen, die wir in der Heimat auszuhalten haben. Unsere Stadt hat nun auch in der Reihe der Opfer ihren Platz gefunden. Vier Großangriffe hat Bochum über sich ergehen lassen müssen und manches Gebäude ist zerstört und viele Wohnungen, auch manche aus dem Kreise unserer Freunde sind verbrannt. Es bedrückt unsere Soldaten an der Front sehr, die Heimat in so großer Gefahr zu wissen. Doch die Heimat wird sich der Front würdig erweisen und mit festem Herzen stark bleiben und durchhalten."

In der Tat: Der Krieg hat sich vom schnellen Eroberungskrieg mit seinen triumphalen Siegen gewandelt zum Verteidigungskrieg gegen das Eindringen der Alliierten nach Deutschland. Die Terrorangriffe richten sich nun nicht mehr vorrangig gegen die Rüstungs- und Versorgungsindustrie, sondern unterschiedslos gegen die Wohnbezirke der Zivilbevölkerung. Eine Evakuierungswelle brachte Hunderttausende Großstädter des Ruhrgebiets in ländliche Gebiete des Deutschen Reiches. Für die bleibenden Einwohner wurde das Luftschutzsystem weiter ausgebaut. Luftschutzkeller, Betonbunker und Stollen boten Schutz vor Spreng- und Brandbomben wie gegen Luftminen. Die städtische Infrastruktur änderte völlig ihr Gesicht. Städtische und staatliche Behörden und Organisationen der NSDAP leisteten Hilfe für die Ausgebombten und halfen bei der Evakuierung und der Kinderlandverschickung. Einen besonderen Rang hatte der Luftschutz in den Industriebetrieben. So war die Arbeitsstätte von Winkelmann, der Bochumer Verein, durchsetzt mit Luftschutzbunkern. Er selbst hatte regelmäßig „Luftschutzdienst".

Diese Veränderungen, die sich alle schnell vollzogen, bilden den Hintergrund der folgenden Soldatenbriefe vom Sommer 1943 an.

Die Antwort von Winkelmann liegt ganz auf der Linie der offiziellen Parolen: Durchhalten! Dies wird das häufigste Wort in den Appellen der Reichsregierung und der militärischen und zivilen Organe. Die Heimat wird ununterbrochen aufgefordert, die Soldaten nicht zu enttäuschen. Und man spricht bald auch von den getöteten Zivilisten als von „Gefallenen".

Winkelmann bleibt auch in der dramatisch sich verändernden Gesamtlage bei seiner Grundlinie: der Krieg ist mit Festigkeit der Herzen und im Glauben an ein gutes Ende weiterzuführen. Für den Einzelnen bringt die neue Kriegsphase eine Vertiefung seines Kampfwillens und eine wachsende Bereitschaft zum Opfer des Lebens für die Zukunft des Volkes und des Staates.

Soldatenbrief vom 30. September 1943

Winkelmann, der zusammen mit seiner Frau aktiv ist in der Bekennenden Kirche seines Wiemelhauser Melanchthonbezirks, entfaltet in Aufnahme einer Predigt des BK-Pfarrers Erich Brühmann aus der Nachbargemeinde Altenbochum über die Sintflut und über die Bedeutung des Regenbogens als Zeichen des Friedens eigene Überlegungen zur Zeitsituation. Er weiß um die Bedrohung des persönlichen Lebens, um den Verlust von Hab und Gut. Er weiß um die verzagten Fragen der Betroffenen. Wer kann Antwort geben?

„Die Antwort kann nur neutestamentlich gegeben werden: Jesus Christus ist der Bogen des Friedens, von Gott gesandt. In ihm sehen wir durch alles Leid und alle Not die Ewigkeit, in der alle Tränen abgewischt sein werden. Durch ihn gewinnen wir Kraft, unsere Verzagtheit zu überwinden."

In der realen Jetztzeit gibt es für ihn nur die Zuflucht zu Jesus Christus, der der Frieden ist und ihn bringt. Hinter und in allem Leid steht er als der Ewige, der die Tränen der Erdenkinder abwischen wird. Dieses Wissen um die zukünftige Christusbegegnung kann schon in der Gegenwart die Verzagtheit überwinden. Wieder bekommt die endzeitliche Glaubensüberzeugung die Rolle, das Elend der Gegenwart auszuhalten.

Winkelmanns folgender langer Bericht zeichnet sich wieder aus durch verstehende Nähe zu den Kameraden im Felde. Sehr ausführlich berichtet er über den Tod des Offiziers Kurt Karsten, den er in Anlehnung an die Novelle von Walter Flex „Der Wanderer zwischen beiden Welten" als „Soldat Gottes und Soldat des Führers" charakterisiert. Er zeigt offene Gefühle für die Hinterbliebenen. Er weiß, was Verlust eines geliebten Menschen bedeutet.

Er gibt Kurzzitate aus verschiedenen Briefen der Pfarrer Heinrich Wagener und Wilhelm Schmidt wie vieler Kameraden wieder. Man gewinnt einen lebensnahen Einblick in die Kriegsschicksale der Freunde.

Am Schluss dieses wieder langen Briefes wird er ganz persönlich, wenn er über seine silberne Hochzeit am 8. Oktober berichtet und eine Liebeserklärung an seine Frau ausspricht. In der Tat war diese Ehe gesegnet mit Liebe und Vertrauen zwischen den Ehepartnern und mit Freude über vier Kinder.

Soldatenbrief vom 26. Januar 1944

Mit diesem Rundbrief zusammen verschickt Winkelmann eine Predigt von Pastor Schmidt, die dieser bei einem Urlaub am 2. Advent 1943 in Bochum gehalten hat. Der Text dieser Predigt ist bis jetzt nicht zu finden.

Immer mehr Freunde aus dem CVJM sind gefallen oder vermisst:

„Es wird mir schwer ums Herz, wenn ich die vielen Namen der gefallenen und vermissten Freunde vor Augen habe. Wir hoffen ja, dass die Vermissten einmal wiederkehren und gesund vor uns stehen, wenn dieses Ringen durch unsern Sieg beendet sein wird."

Winkelmann leidet unter den Kriegsfolgen, aber im Blick auf den erhofften Endsieg hält er es für die Aufgabe der Heimat, dass

„jeder an seinem Platze, mehr als unsere Pflicht tun, um der tapferen Front zu helfen. Trotz Bombenterror müssen mit festem Herzen Waffen geschmiedet und Fahrzeuge gebaut werden. Dankbar wollen wir sein für eine Führung, die es versteht, alle Kräfte anzuspannen und richtig einzusetzen. Möchte Gott der Herr, dessen Hand schwer auf uns liegt, unserm Volk und Land gnädig sein und bald der Menschheit Jammer wenden."

Winkelmanns Vertrauen zur Führung des Reiches ist ungebrochen. Für ihn ist es von seinem evangelischen Obrigkeitsverständnis her selbstverständlich, die Tagespolitik der Reichsregierung unter Hitler zu unterstützen. Wieweit seine Parteimitgliedschaft hier eine Rolle gespielt hat, ist nicht auszumachen. Aber dies ist überdeutlich: es findet sich bei ihm keine nationalsozialistische Ideologie. Inhalte des Parteiprogramms werden an keiner Stelle erwähnt. Antisemitische Äußerungen gibt es nicht. Er war einer von den nicht wenigen Parteigenossen, die aus politischen deutschnationalen Gründen, aus Gegnerschaft zur Demokratie und aus Feindschaft gegen den Bolschewismus Anhänger Hitlers geworden sind. Und das verantworteten sie als bewusste Christen, gebunden an Schrift und Bekenntnis. Anerkennung des politischen Hitlers konnte sich in der Tradition protestantischen Staatsverständnisses verbinden mit eindeutig christlichem Glauben. Ja zu Hitlers Politik und christliches Nein zur nationalsozialistischen Weltanschauung konnten nebeneinanderstehen.

Und wieder berichtet er anschaulich über die Geschicke einiger Freunde und erwähnt am Schluss des Briefes auch das Ergehen der Senioren Emil Klein, einen leitenden Angestellten in einem Industrieunternehmen, Wilhelm Gustorff, den stadtbekannten Buchhändler und Tilmanns Beckers, einen Direktor der Bochumer Straßenbahn. Sie alle waren aktive Mitglieder der Bekennenden Kirche. Vor allem Emil Klein übte starke Kritik an dem Verhalten seiner Gemeindpfarrer (s. Brakelmann, Schmidt 77 ff). Wieweit Winkelmann, der als Mitglied der BK Gemeindepresbyter war, diesem Freund zugestimmt hat, ist aus den Quellen nicht zu entnehmen. Übereinstimmung bestand zwischen ihnen in der Aufgabenbestimmung von Christen in dem immer totaler werdenden Krieg. Aber Klein erkennt schärfer als Winkelmann die Sünde als die „Grundursache aller Kriege und alles Bösen." Aber es gilt für ihn jetzt und bis zum Kriegsende:

„Den Ausgang des Krieges müssen wir in Gottes Hand stellen. Solange unsere Soldaten an den Fronten noch mit der Waffe in der Hand kämpfen, haben wir keinen Grund und auch kein Recht, den Mut sinken zu lassen. Gott kann machen … Und ihm wollen wir weiterhin vertrauen. Jedenfalls sind in unserem Lande auch noch 7 000 übriggeblieben, die ihre Knie nicht gebeugt haben vor Baal und die auch noch die mächtige Waffe der Fürbitte zu handhaben wissen. Gott der Herr wolle unser

Volk aus den unbarmherzigen Händen unserer Feinde erretten und uns in Seine barmherzigen Hände fallen lassen."

Immer noch vertraut er zwei Waffen: die Waffen des Gebets und die Waffen der Soldaten. Aber es gibt kein Gebet, in dem die deutsche Mitschuld zur Sprache kommt. Politisches und moralisches Schuldbewusstsein ist auch nicht in Ansätzen zu erkennen. Er und viele seiner Freunde im CVJM bleiben auf Grund ihres Gottesglaubens und ihrer Christusfrömmigkeit, die sie beide als individuelle Entscheidung verstehen, mit dem politischen System des NS und seiner praktischen Politik solidarisch. Diese ihre Frömmigkeitsstruktur lässt in ihrer Konzentration auf den Einzelnen und auf dessen Bindung an Volk und Staat nur sehr schwer die politisch-geschichtliche Schuldfrage zu.

Soldatenbrief vom 12. März 1944

Der Brief beginnt mit dem Satz:
„An dem heutigen Heldengedenktag sind die Herzen aller Deutschen voll stolzer Trauer bei den für Deutschlands Zukunft gebliebenen Brüdern."
Und dann werden die Namen der bisher 14 Gefallenen und Vermissten aus dem Freundeskreis genannt. Einige von ihnen lässt er mit Zeilen, die sie zu ihren Lebzeiten geschrieben hatten, zu Wort kommen. Es sind Zeugnisse ihres persönlichen Glaubens und ihrer Verbundenheit mit dem Kreis. Ein Soldat hatte geschrieben:
„Man spürt, dass man zusammengehört und dass jetzt jeder auf besonderem Posten seinen Mann stehen muss. Einsam sind wir ja nicht, denn unser Heiland ist immer bei uns. Das macht uns stark und fröhlich. Er vertritt uns vor Gott und steht für uns ein. Darum will ich getrost in die Zukunft blicken. Der Herr kann das Leben von uns nehmen oder auch erhalten, sein Wille geschehe ..."
Winkelmann schließt mit dem Satz:
„Wohl dem Menschen, der sein Leid zum Kreuze Christi trägt."

Wenn man bedenkt, dass später im letzten Kriegsjahr noch einige Freunde dazu gekommen sind, so dürfte etwa die Hälfte des Soldatenkreises ihr Leben verloren haben. Unerschüttert war ihr gemeinsamer Glaube, nach dem Tod fürs Vaterland bei Gott und seinem Sohn zu sein.

Soldatenbrief vom 21. Mai 1944

Über dem Brief steht die Jahreslosung 1944:

„Der Herr ist treu, der wird euch stärken und bewahren vor dem Argen. (2. Thess. 3,5)

Dann berichtet Winkelmann von Kontakten, die er mit Angehörigen von Gefallenen gehabt hat. Und dann berichtet er wieder seitenweise über die Situation einzelner Freunde. Über seinen Pastor Schmidt schreibt er:

„Bei Herrn Pastor Schmidt hat sich die Familie vergrößert. Zu den beiden Jungen ist noch ein Mädchen gekommen, das den Namen Dorothea (d. h. Gottesgabe) erhalten hat. Wir beglückwünschen ihn und seine Gattin und würden ihm gern den Vorrang zum nächsten Urlaub lassen, damit er sein Töchterchen mal in den Armen halten kann. Übrigens hat seine Einheit sich an den Abwehrkämpfen stark beteiligt. Er selbst erhielt für tapferen Einsatz das EK II. In den letzten Wochen hat er wiedermal den Divisionspfarrer vertreten, das war ihm eine besondere Freude. Leider ist die Zeit jetzt um."

Und ein junger Soldat hat geschrieben:

„Es ist aber hier alles täglich und stündlich auf das Kriegsgeschehen abgestellt. Und es muss jeder ganz persönlich um seine Stellung zu den Dingen der Ewigkeit ringen. Wenn man glaubend beten kann, dann ist einem auch so Hilfe geboten, selbst wenn es noch so einsam um uns ist. Es gilt tatsächlich heute und immer: „… denn Gott ist allenthalben, die Freiheit und das Himmelreich gewinnen keine Halben." Und als ganze Kerle wollen wir durch das Geschehen gehen und in demütiger Haltung Gott bitten, dass wir unsere Pflicht recht erfüllen. Es ist und bleibt tatsächlich immer so, dass angesichts des Todes, von dem ich oft täglich mehrere Male hören muss, dass man ganz stille wird und immer nur bitten kann, dass Gott uns teilnehmen lässt an seinem Reich; dann hat Leben und Pflicht einen Sinn, der wirklich Sinn und Ziel des Seins ist. In dieser stillen Woche sind unsere Gedanken wieder mehr als sonst beim Opfertod unseres Heilandes, aber auch bei seiner Auferstehung. Weil er für uns gestorben ist und auferstanden ist, darum können wir als Christen glauben und stille werden vor der Macht des Todes, denn seine Macht ist ihm genommen. Das ist meine feste Zuversicht, dass Gott mir meine Sünden vergibt und mich in sein Reich nach dem Tode aufnimmt. Darum tue ich hier oben still meine Pflicht ohne Meckern und Nörgeln, obschon manchmal Grund vorhanden wäre. Ihnen und allen denen, die mit uns um die große Gewissheit des Glaubens wissen, wünsche ich daher ein frohes Fest und erwarte mit Freuden Ihren nächsten Rundbrief."

Hier formuliert ein junger Mann seinen Glauben, wie er ihm vor allem durch den CVJM vermittelt worden ist: der Glaube an den Opfertod Christi und der Glaube an die Auferstehung, die dem Tod die Macht genommen hat, gibt die Hoffnung, ins Reich Gottes zu kommen. In dieser Perspektive lässt sich ohne Murren die tägliche Pflicht als Soldat erfüllen.

Ein anderer formuliert:
„Unsere Gefallenen sollen uns durch ihr Vorbild und durch ihre Haltung, die aus ihren Worten im Soldatenbrief zu uns spricht, aufs Neue ein Ansporn sein, zu neuer Tatkraft und zur Festigung unserer eigenen Haltung. Ein fester Glaube und die daraus folgende Tat tut heute mehr not denn je. Und gerade wir, die wir wissen, dass wir einen Herrn und Meister haben, der uns immer zur Seite steht, sollten da jederzeit andern Vorbild und Helfer sein."

Zahlreich sind die Voten aus dem Soldatenkreis, die zeigen, dass dieser CVJM-Kreis den Glauben und die daraus resultierenden Handlungen und Haltungen seiner Mitglieder stark bestimmt hat. Es war eine kleine, aber enge Gemeinschaft von Christen in dramatischer Zeit. Sie haben sich gegenseitig religiösen Halt und praktische Haltung als Soldaten in dem blutigsten Krieg gegeben, den die Welt bisher gekannt hat.

Der letzte Soldatenbrief vom 22. November 1944

Er kommt von Tilmann Beckers:

„Meine lieben Freunde!

Heute habe ich eine traurige Nachricht zu übermitteln. Unser lieber Freund, Herr Heinrich Winkelmann, der uns so treu mit den Rundbriefen versorgte, ist am 4. November 1944 dem Bombenterror zum Opfer gefallen. In der fraglichen Nacht hatte er Luftschutzwache auf seinem Werk, dem Bochumer Verein. Der Wachraum erhielt einen Volltreffer und unser Freund wurde dabei heimgeholt. Treu in der Erfüllung seiner Pflicht, treu seinem Herrn gab er sein Leben in dem großen und schweren Kampf. Wir trauern alle mit seiner lieben Frau und seinen 4 Kindern um diesen einzig treuen Freund. Es fällt mir schwer, diese Zeilen zu schreiben und das Herz krampft sich zusammen, wenn man denkt, dass dieser Mann nicht mehr unter uns ist. Aber wir gehören ja nicht zu denen, die keine Hoffnung haben, sondern wir wissen, dass er bei seinem Herrn ist und nun den schauen darf, an den er geglaubt hat.

Weiter muss ich mitteilen, dass unser Mitglied, der Schneidermeister Rudolf Schröder, ebenfalls diesem Angriff zum Opfer gefallen ist. Er war im Luftschutzkeller seines Hauses verschüttet worden und konnte nach 3 Tagen erst tot geborgen werden. 14 Tage zuvor hatten wir noch seine Frau, welche auch plötzlich starb, zu Grabe getragen.

Gott der Herr stärke und tröste die Angehörigen dieser beiden Freunde."

Und am Schluss heißt der Segenswunsch:

„Zum bevorstehenden Weihnachtsfest wünsche ich allen eine recht gesegnete Advents- und Weihnachtszeit. Sein Friede mag unsere Herzen erfüllen. Aber wir wollen alle den Herrn bitten, dass er auch Friede auf Erden geben möchte. Er bewahre Euch und uns. Wir wollen uns in seine Hände befehlen."

Mit Heinrich Winkelmann waren die Mitte, das Herz und die Seele des Kreises hinweg genommen worden. Viel praktische Arbeit bedeutete es, den Soldatenbrief zu schreiben, ihn zusammenzusetzen aus den Briefen und Postkarten wie aus mündlichen Berichten, ihn zu vervielfältigen und zur Post zu bringen. Vor allem aber hat er ein Ohr und Gespür für die existentiellen und geistlichen Grundsatzfragen seiner Freunde gehabt. Alles glaubensmäßig zu durchdringen und allen in der einfachen Sprache eines theologischen Laien reflektierten Rat und seelsorgerliche Lebenshilfe zu geben – das hat er verantwortlich getan. Er konnte es, weil er die Inhalte der Schrift und die Lieder des Gesangbuches kannte und an den Gottesdiensten der Gemeinde und den Versammlungen der Bekennenden Kirche teilnahm und als Presbyter die innere Lage der Gemeinde genau kannte. Er war in einem traditionellen Sinn ein „frommer Mann", aber immer zugleich ein den Nächsten zugewandter Mann, der ihre seelischen und konkreten Probleme sehr genau kannte. Seine Frömmigkeit war immer „erdverbunden" und zugleich „himmelorientiert".

Winkelmann dürfte einen zeitgenössischen Christen repräsentieren, dem es in erster Linie auf den Erhalt und die Stärkung eines persönlichen Glaubens im Gewirr des Krieges ankam. Dabei verzichtete er auf eine Auseinandersetzung mit dem antichristlichen und antikirchlichen Geist des nationalsozialistischen Geistes und seiner Praxis. Als deutscher Patriot und obrigkeitstreuer Protestant vertraute er darauf, dass der Herr der Geschichte das deutsche Reich in Freiheit und Selbständigkeit erhalte.

Sonntagsbriefe an die Kinder

Die Kinder Helmut, Hilde, Edith und Katharina

Heinrich Winkelmann hat nicht nur Soldatensonntagsbriefe geschrieben, sondern auch 13 Sonntagsbriefe an seine Kinder. Das älteste Kind war Katharina, genannt Käthe oder Käte, geboren 4.10.1919. Es folgen die Zwillinge Hilde und Helmut, geboren 10.5.1925 und Edith, geboren 9.6.1929. Käthe hat nach dem Schulabschluss eine Handelsschule besucht und ließ sich zur Säuglingsschwester ausbilden. 1940 kam sie nach Messinghausen bei Olsberg, wo sie Schwangere, Mütter und Kinder als ambulante Krankenschwester betreute. 1943 ging sie in ein Säuglingsheim nach Olsberg.

Hilde und Helmut besuchten Höhere Schulen. Hilde hat nach der „Mittleren Reife" eine höhere Handelsschule besucht und arbeitete dann bei der Berggewerkschaftskasse in Bochum. Sie wohnte in der elterlichen Wohnung. Helmut wurde nach seinem Abitur 1943 zur Wehrmacht eingezogen. Hilde und Helmut sind von Pfarrer Wilhelm Schmidt konfirmiert worden.

Edith mit ihren Eltern in Pommern, 1943

Edith wurde 1943 nach ihrer Konfirmation durch Pfarrer Niedermeier mit ihrer Schule nach Neustettin in Pommern evakuiert. Den Sommer 1944 verbrachte sie im KLV-Lager in Heringsdorf auf der Insel Usedom. Nach der Lagerzeit an der Ostsee ging es zurück nach Neustettin, das sie am Ende des Jahres 1944 verließ und nach Bochum zurückkehrte. Hier erfuhr sie, dass ihr Bruder Helmut, inzwischen Unteroffizier mit Fronterfahrung, am 7. Dezember 1944 bei einem Bombenangriff auf Osnabrück umgekommen war.

An diese vier Kinder richteten sich die Sonntagsbriefe des Vaters, die er mit der Unterstützung der Mutter schrieb. Er berichtet über die Alltäglichkeiten und über Besuche, die er trotz der schlechten Verbindungen bei Verwandten im Rheinland gemacht hat. Er geht ganz auf in der Rolle eines Familienmenschen. Besonderes Interesse hat sein Sohn Helmut, der an der Nordfront im Osten die ersten Kampferfahrungen als Gruppenführer gemacht hat. Zu zwei Briefen, die Helmut nach Hause geschrieben hatte, sagt der alte Soldat:

„Wir haben uns sehr über diese Nachrichten gefreut, um so mehr als sie frontfrohen und zuversichtlichen Geist atmen…. Uns interessiert natürlich nicht nur Dein Ergehen, sondern auch Dein tägliches Erleben, darum schreibe oft und versäume nicht, wenn Du von deinen Kameraden sprichst, auch deren Namen zu nennen, dadurch wird uns Dein Kreis vertrauter. Erfreulich ist, dass Du bei Deiner ersten Schwadron, der Du zugeteilt bist, einen tadellosen Hauptwachtmeister und einen tadellosen Chef bekommen hast, auch ihre Namen möchten wir gerne wissen. Dass Du eine Gruppe führst, ist eine große Verantwortung. Das ist nun also gewissermaßen Deine Familie, in deren Rahmen sich Dein Frontleben abspielt. In den russischen Häusern hast Du also mit Wanzen und Läusen noch keine Bekanntschaft gemacht. Tröste Dich, das wird bestimmt noch kommen, das gehört eben mit zu Russland. – Gern haben wir gelesen, dass Du an einem Feldgottesdienst hast teilnehmen können, mit einer Predigt über den Hauptmann von Kapernaum."

Den langen Brief schließt er mit dem Wunsch:
„Möge Gott der Herr Euch Kraft und Tüchtigkeit schenken zu Euerem Dienst, Euch an Leib und Seele bewahren und unserem Volk bald ein gutes Ende des Krieges geben."

Seiner kleinen Edith wünscht er eine gute Zeit am Strand in Heringsdorf und kündigt den Besuch der Mutter und der Schwester Käthe in einem Elternzug an. Der kränklichen Käthe wünscht er Festigung ihrer Gesundheit.

In den folgenden Briefen berichtet er im Detail, wie es den Geschwistern an ihren verschiedenen Orten geht. Besonders verfolgt er die Stationen seines Soldatensohnes. Er zitiert aus Briefen von Helmut, die seine Kämpfe in einem russischen Sumpfgebiet beschreiben. Sein Eindruck von dem jungen Frontkämpfer: er „blickt mit fröhlichem Herzen und guter Zuversicht vorwärts." Die Frontsituation nach den sowjetrussischen Angriffen und der westalliierten Landung in Frankreich sieht der Vater, der mit größter Genauigkeit die Frontverläufe aus den Zeitungen zur Kenntnis nimmt, durchaus als problematisch an, lässt ihn aber unbeirrt weiter hoffen:

„Die Russen machen ja fürchterliche Anstrengungen, um Boden zu gewinnen, und sie haben mit der Zeit allerlei gelernt. Menschen und Material scheint bei ihnen kein Ende zu nehmen. Die Hoffnungen, die sich unsere Feinde auf die Invasion gesetzt hatten, haben sich bisher nicht erfüllt. Bevor unsere Feinde aber zur Einsicht kommen, werden wir noch tüchtig zu kämpfen haben. Im Westen scheint der Höhepunkt noch nicht erreicht zu sein, so furchtbar der Kampf auch schon gewesen ist."

Das schreibt ein alter Soldat im Juli 1944. Er hat das Übergewicht der Alliierten an Menschen und Material durchaus zur Kenntnis genommen, aber wie er am Kriegsanfang die Angriffskraft der Wehrmacht bewundert hat, vertraut er nun auf ihre Verteidigungskraft.

Nach dem Attentat auf den Führer am 20. Juli 1944 schreibt er an Helmut:

„Erschüttert waren wir alle, als wir von dem Attentat auf den Führer hörten, das ja bei Euch auch wohl viel erörtert wird. Wir wollen unserem Gott danken für die gnädige Bewahrung, denn wenn es anders gekommen wäre, ich glaube, die Folgen für unser ganzes Volk wären furchtbar gewesen und es hätte kein gutes Ende genommen. Es wird auch so der vollen Anstrengung jedes einzelnen bedürfen, um den Krieg siegreich zu Ende zu bringen. Nur wenn wir einig bleiben, werden wir es schaffen."

Ein Attentat auf den obersten Repräsentanten der legalen Obrigkeit ist für den Christen Winkelmann eine politische Unmöglichkeit. Ihn selbst bindet das Attentat nur noch enger an den Führer als Reichskanzler und Obersten Befehlshaber. Die Attentäter sind für ihn in Übereinstimmung mit den meisten Deutschen Verräter und Verbrecher. Er denkt wie der Bischof von Hannover, der am 21. Juli dies Gebet verfasst hat:

„Heiliger, barmherziger Gott! Von Grund unseres Herzens danken wir Dir, dass Du unseren Führer bei dem verbrecherischen Anschlag Leben und Gesundheit erhalten hast. In Deine Hände befehlen wir ihn. Nimm ihn in Deinen gnädigen Schutz! Sei und bleibe Du sein starker Helfer und Retter! Walte in Gnaden über den Männern, die in dieser für unser Volk so entscheidungsschweren Zeit an seiner Seite arbeiten! Sei mit unserem tapferen Heere! Lass unsere Soldaten im Aufblick zu Dir kämpfen; im Ansturm der Feinde sei ihr Schild, im tapferen Vordringen ihr Geleiter! Erhalte unserem Volke in unbeirrter Treue Mut und Opfersinn! Hilf uns durch Deine gnädigliche Führung auf dem Wege des Friedens und lass unserem Volke aus der blutigen Saat des Krieges eine Segensernte erwachsen! Wecke die Herzen auf durch den Ernst der Zeit! Decke zu in Jesus Christus, unserem Herrn, alles, was wider Dich streitet! Gib, dass dein Evangelium treuer gepredigt und williger gehört werde und dass wir unser Leben unter die Zucht deines heiligen Geistes stellen."

Und in seinem Wochenbrief vom 24. Juli schiebt er nach:

„Der verbrecherische Anschlag, der dem Leben des Führers galt, ist in seinen unübersehbaren Folgen, die er für unser Volk in seinem Kampf auf Leben und Tod gehabt haben würde, durch Gottes Gnade abgewandt. Unmittelbar, nachdem uns das Attentat zur Kenntnis kam, haben wir deshalb bestimmt, dass im Kirchengebet des nächsten Sonntags der gnädigen Bewahrung unsres Führers in Dank und Fürbitte gedacht werde. Wir danken Gott, dass er unserem Führer Leben und Gesundheit bewahrt und ihn in der Stunde höchster Gefahr unserem Volke erhalten hat. Möchte die überwundene Gefahr unserem dankbaren Volk die Kraft restlosen Einsatzes erhöhen."

So und ähnlich ist in vielen evangelischen Kirche gebetet worden. Die Zustimmung zu Hitler erreicht einen neuen Höhepunkt im deutschnationalen kirchlichen Protestantismus. Hier gibt es keine Unterschiede zwischen einem orthodox-lutherischen Bischof und erwecklichen Kreisen der Bekennenden Kirche, wozu der Soldatenkreis des Bochumer CVJM mehrheitlich gehört hat.

Im Sonntagsbrief vom 30. Juli spricht Winkelmann wieder seinen Sohn persönlich an:

„Lieber Junge! Die letzte Nachricht von Dir ist vom 14.d.M. Du glaubst gar nicht, wie sehr wir uns um Dich bangen und wie sehnsüchtig wir immer auf Nachricht warten. Ich glaube, die nüchterne Wirklichkeit des Krieges ist Dir in den letzten Wochen furchtbar aufgegangen. Außerdem, sich rückwärts durchschlagen zu müssen, ist kein schönes Soldatenlos, ermutigender ist, vorwärts zu stürmen. Hoffentlich gelingt es, den Russen bald zum Stehen zu bringen. Wir haben doch die gute Zuversicht, dass es uns bald gelingt, über unsere Feinde Herr zu werden. Gott stehe unserem Volk und Land in dem schweren Ringen bei. Möge Gott der Herr Euch durch sein Wort den Weg erhellen und Euch Kraft schenken zu leichtem und schweren Dienst."

Helmut wird von der Front abgezogen und wird Ausbilder in Paderborn, während Mutter Winkelmann und Tochter Käthe die „kleine Edith" in Heringsdorf besucht haben. Der Vater schreibt:

„Helmuts glückliche und schnelle Heimkehr aus Russland kann unsere Herzen fröhlich und dankbar stimmen gegenüber unserem himmlischen Vater, der uns führt und leitet und unseren Weg bestimmt."

Winkelmann sieht wie immer in allen persönlichen Widerfahrnissen und in allen historisch-politischen und militärischen Entwicklungen das Wirken Gottes als des himmlischen Vaters, der die Geschicke der Völker lenkt. Von diesem Glauben an die Allwirksamkeit Gottes kann er jedes persönliche und jedes völkisch-nationale Geschick annehmen.

Winkelmann berichtet am 20. August 1944 von einem Besuch bei der Familie Schneider in Stiepel, aus deren Garten sie Johannisbeeren und Stachelbeeren mitnehmen durften. Diese Familie sollte dann später noch eine wichtige Rolle spielen.

Einige frohe Stunden verbrachte der Vater mit seinem Sohn in Paderborn. Er scheute keine Schwierigkeiten, wenn es um den Besuch der Kinder und um Hilfe für sie ging. Und wie immer am Schluss einige Gebetszeilen:

„Wir wollen hoffen, dass sich die Fontlage bald für uns günstiger gestaltet und dass unsere Feinde auch mal am Ende ihrer Kraft stehen. Gebe Gott, dass der Krieg bald ein gutes Ende nehme."

Am 27. August 1944 übernimmt Tochter Hilde das Schreiben des Sonntagsbriefes. Sie zählt eine Fülle aus dem alltäglichen Kriegsalltag auf und teilt über sich selbst mit, dass nun die 60-Stunden-Woche eingeführt worden sei und sie selbst mit einem Einsatz in der Rüstungsindustrie rechne. Als Hilfsorganistin in der Altenbochumer Kirche übt sie das Orgelspielen, mit dem sie gut vorankomme.

Es zeichnet alle Sonntagsbriefe aus, dass das Alltagsleben einer Familie unter den Bedingungen eines totalen Krieges, der immer größere Zerstörungen bringt und immer mehr Menschenleben kostet, deutlich wird. Für viele Deutsche blieb die Familie der emotionale Halt in den Wirren des Krieges.

Winkelmann kommentiert das so:

„Nicht umsonst heißt unser Brief „Sonntagsbrief". Er soll aus der Alltäglichkeit herausheben, auch aus anderen Briefen sich absondern, denn er kommt von Hause, soll auch etwas geben an Ruhe und Besinnung, soll Kraft vermitteln aus Quellen ewiger Wahrheit, ein Stillestehen vor dem Schöpfer und ein Hinfinden zu Gottesdienst und Gotteswort soll er geben."

Ein besonderes Ereignis in der Familie wurde die Verleihung des Eisernen Kreuzes 2. Klasse an Sohn Helmut:

„Im Namen des Führers und obersten Befehlshabers der Wehrmacht verleihe ich dem Unteroffizier Helmut Winkelmann 1./Füs. Btl. (AA) 69 das Eiserne Kreuz 2. Klasse. Ostfront 24. Juli 1944. (gez.) Rein, Generalmajor und Divisionskommandeur."

Der Vater schreibt:

„Hier im Sonntagsbrief wiederhole ich noch mal meinen Glückwunsch, ebenso auch von Mutter und Hilde. Wir sehen, dass Helmut sich doch wohl als tapferer Soldat und umsichtiger Gruppenführer gezeigt hat in der kurzen Zeit, in der er draußen war. Wenn nun noch ein paar Tage Heimaturlaub dran säßen, würde die Freude sehr gesteigert, aber alle müssen in dieser Zeit lernen, sich zu fügen und auf manches zu verzichten. Nachdem Helmut nun beim ersten Schub zur Kriegsschule nicht dabei war, bleibt er noch in Paderborn und muss nun ausbilden. Da mag er denn zeigen, was er gelernt hat und versuchen, einiges davon den jungen und alten nachfolgenden Kameraden beizubringen. Wenn wir zu den Fronten blicken, sehen wir, wie notwendig jeder kampffähige Mann gebraucht wird. Die rückläufige Bewegung kommt doch bedenklich unseren Grenzen näher. Möge es unserer Führung gelingen, den Kampf von unseren Grenzen fern zu halten."

Und auch im nächsten Sonntagsbrief ist Helmut wieder Mittelpunkt, wenn es heißt:

„Helmut ist noch in Paderborn und bildet aus. Die Kriegsschule ist etwas in die Ferne gerückt, da es zur Zeit wohl Wichtigeres zu tun gibt, als zur Kriegsschule zu gehen, so wird Helmut damit rechnen müssen, bald irgendwo wieder zur Front zu kommen. Es ist unserer Wehrmacht bisher gelungen, den Krieg von unseren Grenzen fern zu halten. Hoffen und vertrauen wir, dass es mit Gottes Hilfe auch weiterhin gelingt. Helmuts Brief vom 1.9. an Hilde gerichtet, hat uns allen Freude gemacht, weil er so treffend das sagt, was wir uns alle zu eigen machen wollen. Damit Käthe und Edith auch Kenntnis haben, gebe ich ihn hier kurz wieder: Am Beginn des 6. Kriegsjahres möchte ich Dir gerne einen Extragruß, so ganz aus der Reihe senden. Er soll nicht das Geschehene abwägen und beurteilen, sondern nur erfüllt sein von dem Dank gegen Gott, dass wir bisher so wohlbehütet wurden, von allen Sorgen und Nöten des Krieges zum großen Teil verschont blieben. Ist uns jüngeren Menschen auch manches versagt geblieben, so wollen wir angesichts des großen Kampfes auf persönliche Vorteile ganz verzichten. Wir haben nur die eine Bitte, auch im kommenden Jahr gesund an Seele und Leib zu bleiben und den Wunsch, immer Jünger des Herrn zu sein. Herzliche Grüße und ein Kuss, Dein Helmut."

Der Brief des Sohnes zeigt deutlich die politisch-militärische und die religiöse Übereinstimmung mit seinem Vater. Alle Kinder sind erzogen worden im väterlichen und mütterlichen Glaubensverständnis, das die ganze Familie bestimmt hat.

Winkelmanns Nähe und Mitarbeit in der Bekennenden Kirche kommt zum Ausdruck in der Erwähnung der Pastoren Gerhard Niedermeier und Gerhart Dedeke, die in den Gemeinde Wiemelhausen und Dahlhausen ihre Ämter aus dem Geist des Evangeliums und der reformatorischen Theologie führten. Winkelmann kannte die Frauen und Männer wie die Pastoren und Presbyter aus den gemeindlichen und übergemeindlichen Brüderräten.

Helmut Winkelmann

Der 10. Sonntagsbrief vom 17. September 1944 bringt eine große Confessio des Vaters für seine Kinder. Sie gibt Einblick in das Denken und den Glauben eines Christen im Entscheidungsjahr 1944:

„Meine lieben Kinder, was alle Deutschen bewegt in dieser Zeit, bedrückt und beschäftigt auch uns. Nach Jahren des Siegens und des Vorwärtsschreitens an allen Fronten müssen wir nun erleben, dass die Übermacht unserer Feinde an Menschen und Material so groß ist, dass unsere tapferen Soldaten die eroberten Gebiete nicht mehr halten konnten. Um die Kraft unserer Gegner zu zermürben und zu zersplittern und um Zeit zu gewinnen unter Schonung eigener Kräfte, mussten wir immer mehr eroberten Landes preisgeben, so dass die Fronten unseren Grenzen nahekamen, ja, sie schon überschritten haben. Im Osten ist der Feind zum Stehen gebracht und die Front festigt sich immer mehr, aber im Westen ist die Lage noch ernst und bedrohlich, wenn sich auch schon manches zu festigen scheint. Wir müssen alles daransetzen, dass wir uns unserer Feinde erwehren. Froh wollen wir sein, dass wir eine starke Regierung haben, die den Mut hat, alle Kräfte anzuspannen und einzusetzen. Keinem aufrichtigen Christenmenschen wird der heimliche Gedanke kommen, der Krieg möchte durch eine Niederlage ein schnelles Ende finden. Wir können es uns gar nicht ausdenken, was ein verlorener Krieg für unser deutsches Volk und Land bedeuten würde. Vielen Deutschen würde ein verlorener Krieg das Herz abdrücken und jede Freudigkeit zum Weiterleben genommen sein und manch einer würde keine Lebensmöglichkeit mehr sehen. Ihr, meine lieben Kinder, wisst, wir sind nicht nur Deutsche, sondern auch Christen, d. h. Gebundene unseres Herrn Jesu Christi, auch mit unseren Wünschen und mit unserem Denken. Wir tun unsere Pflicht, sei sie groß oder klein, mit ganzer Hingabe. Aber alle Entscheidungen liegen bei Gott. Wir werden es ihm zeitlebens zu danken wissen und nie vergessen, wenn er uns den Sieg schenkt, um den wir mit heißem Herzen ringen und beten. Wir müssen uns in seinen heiligen Willen fügen, wie er auch das Ende des Krieges herbeiführt. Er wird unsere Seligkeit bedenken und alles tun, dass seine Gemeinde auf Erden gereinigt und geläutert wird. Sie muss aus diesem Kriege mit neuer Kraft hervorgehen, um Salz und Licht sein zu können. Unser deutsches Land, dem Gott soviel gegeben hat, das Land der Reformation, das er so sehr lieb hat, weil er es über die Maßen züchtigt, wird er nicht dem Untergang und Bolschewismus preisgeben."

Dieser Briefausschnitt fasst noch einmal zusammen, wie Winkelmann die politisch-militärische Situation im totalen Krieg sieht, wie er auf der einen Seite Gott um den Sieg bittet, auf der anderen Seite sich fügen will, wenn es anders kommt. Er rechnet hier zum ersten Mal mit der Möglichkeit, dass der Krieg verloren geht, aber ist sich gleichzeitig gewiss, dass Gott das Land der Reformation und seine Kirche in ihm nicht untergehen lässt. Und auch zum ersten Mal spricht er von seiner „Gemeinde auf Erden", die als durch den Krieg geläuterte Gemeinde „Salz und Licht" der Welt sein könne. Der immer nationalkirchlich denkende Christ öffnet sich dem ökumenischen Horizont.

Was ihn seit langen Jahren außenpolitisch und innerlich bewegt, ist die Angst vor dem Bolschewismus. Sie bindet ihn wie viele Deutsche bis zum Kriegsende an den Führer, der im Krieg gegen das bolschewistische Russland eine ideologische Entscheidungsschlacht gesehen hat. Der Führer hat innenpolitisch den deutschen Kommunismus besiegt und führt nun einen radikalen Krieg gegen das sich atheistisch verstehende Gewaltsystem des Bolschewismus. Und in diesen Entscheidungskampf ist jeder Deutsche und jeder Christ eingebunden und zur Opferbereitschaft verpflichtet.

Winkelmann repräsentiert mit dieser Auffassung die Mehrheit der Deutschen und der evangelischen Christen.

In seinem 11. Sonntagsbrief berichtet Winkelmann seinen Kindern über einen Besuch in der alten Heimat, in der man die Frontnähe schon näher fühlt als in Bochum. Es war eine aufregende Reise, die er mit einem vollen und einem fast leeren Koffer beendete. Die Verwandten hatten ihm Früchte aus ihren Gärten mitgegeben. In der Hektik dieser Reise besinnt er sich auf die Bedeutung der Stille, die man von Jugend an einüben müsse und zur Reife des Alters gehöre. Sie müsse „zur Versenkung in Gott und in seine Welt" führen:

„Dann kann sie Wunder wirken, dann allein ist sie uns eine Hilfe und bringt uns die rechte Sammlung von neuen Kräften der Seele. Im Grunde genommen ist soviel kraftloses Christentum eine Ursache unseres Nichtstilleseinkönnens. Nur in der Stille können wir Kraft von oben, Aufträge von Gott und Vollmacht für seinen Dienst empfangen."

Sich in die Stille zu begeben, war für Winkelmann in den Jahren, Monaten und Tagen des Krieges immer eine Praxis, die er sich im Dauerlärm von Sirenen, von anfliegenden Flugzeugen und Detonationen von Bomben erkämpfte. So aktiv, wie er nach außen war, so intensiv suchte er die Meditationen in der Stille. Die tägliche Bibellese, der sonntägliche Gottesdienst und der Besuch der Bibelstunden der BK waren ihm eine Hilfe, sich auf sich selbst und auf sein Leben zu besinnen.

Der Sonntagsbrief vom 15. Oktober 1944 besteht aus drei Abschnitten. An seine „liebe, kleine Edith", die sich im Herbst 1944 in einem Ernteeinsatz befand, schreibt er:

„Wir freuen uns, dass Du es bei deinem Einsatz gut getroffen hast, wenn auch die Arbeit anstrengend ist, sie muss ja getan werden. Gott lässt wohl Nahrung wachsen, aber der Mensch muss auch sein Teil dazu beitragen. Dass Du abends dann müde zu Bett gehst und sicherlich gut schläfst, glaube ich gern. Übrigens, wenn man im Leben oft mit guten Menschen zusammengeführt wird, ist ein besonderer Grund zur Dankbarkeit Gott gegenüber, aber auch den Menschen gegenüber, indem man eben seine Pflichten mit ganzer Hingabe erfüllt..."

Auch seiner Jüngsten gegenüber ist Winkelmann der Vater, der sein Kind durch Argumente in ihrer praktischen Arbeit stärken will. Für Helmut hofft er auf einen Kurzurlaub nach Bochum, schränkt aber sofort ein: „Allerdings ist heute eine Bahnfahrt nicht nur zeitraubend, sondern auch gefährlich wegen der vielen Tiefangriffe."

Ansonsten berichtet er über das Ergehen einiger Verwandten. Und an alle Kinder schreibt er über den Angriff vom 9. Oktober 1944 auf Bochum:

„Über den Angriff vom 9.10. haben Mutter und Hilde schon mancherlei geschrieben, so dass ich mir hierüber Einzelheiten ersparen kann. Ich glaubte zuerst, es sei nur ein mittelschwerer Angriff gewesen, weil man immer nur seinen Abschnitt sieht, aber wenn man etwas weiter geht und sieht all die Schäden und hört von den Hunderten von Toten, dann muss man doch sagen, es war fürchterlich. Der Kern der Stadt hat weniger abbekommen. Der Angriff lag hauptsächlich über unserem Ehrenfeld, Wiesental und Weitmar. Zeitzünder gehen jetzt noch hoch. Mutter und ich sind heute durchs Wiesental gegangen. Viele Blindgänger haben wir noch liegen sehen. Der in unserer Nähe ist entschärft und liegt auf der Grünstr. (5 Zentner). Ein weiterer Angriff war am 12., morgens 10.30 Uhr. Unser Verwaltungsgebäude an der Kohlenstr. erhielt 5 Bomben und einige in den Betrieb. Die eine Bombe riss den ganzen Hausflügel weg. Wir waren im Stollen. Ein Toter und vier Schwerverletzte waren es doch noch. Bei dem Hauptangriff war natürlich Wasser, Strom und Gas weg. Wasser kam bald, Strom haben wir erste seit heute. Gas ist immer noch nicht da. Wie können wir glücklich sein, dass unser Haus verschont blieb. Mein Kollege, Herr

Hesse, hat alles verloren, er hat keinen Kragen mehr und keine Schuhe, die sind ihm nämlich, die er anhatte, beim Löschen verbrannt. Es ist eine schwere Last, die wir zu tragen haben, aber wir müssen sie in Geduld hinnehmen. In Hildens Zimmer sah ich von ihrer Hand geschrieben und gemalt den Spruch: „Gott legt uns eine Last auf, aber er hilft uns auch." (Psalm 68) Daran wollen wir uns trösten und für unser Volk und seine Führung im Gebet vor Gott eintreten, dass wir siegreich aus diesem Kriege hervorgehen mögen."

Der Ortsteil Ehrenfeld, in dem die Winkelmanns wohnten, liegt am Rande der Innenstadt, hatte viele Kleinunternehmen, das Verwaltungsgebäude der Knappschaft, das Bergmannsheil, das Stadttheater, die evangelische Melanchthon-Kirche und die katholische Meinolphuskirche auf seinem Gebiet. Es war ein vorwiegend von leistungsbewussten Bürgern bewohntes Stadtviertel. Neben dem sog. Griesenbruchviertel, einem vorwiegend von Arbeitern des Bochumer Vereins bewohnter Stadtteil rund um den Moltkemarkt herum, war das Ehrenfeld der zerstörteste Teil der Stadt. Vater, Mutter und Tochter Hilde haben die Bombardierungen hautnah, meistens im Stollen an der Bismarckschule überstanden. Vater Winkelmann hatte häufig Luftschutzdienst in seinem Wohnbereich und Nachtdienst beim Bochumer Verein, den er mit dem Fahrrad erreichte. Mitarbeit im Luftschutzdienst und Teilnahme an Luftschutzlehrgängen waren selbstverständlich. In der Unruhe der Herbstwochen 1944 feierte die Familie den Verlobungstag und die Silberne Hochzeit der Eltern wie auch den Geburtstag der Mutter. Es ist wieder ein Indiz für das ausgeprägte Familienbewusstsein der Winkelmanns.

Und zum letzten Mal lässt der Vater seinen Kindern im Sonntagsbrief vom 29. Oktober 1944 Einblick nehmen in sein Verständnis der politischen Lage und in seinen Glauben:

„Der schwierige Eisenbahnverkehr wirkt sich auch hier übel aus. Die Zugangriffe unserer Feinde sind eine besondere Kulturschande für sie. Der Engländer glaubt eben die deutsche Mentalität zu kennen und setzt immer wieder mit neuen Methoden seine Angriffe auf den Widerstandswillen und die Kampfmoral der Heimat an. Was ihm an der Front nicht gelingt, das hofft er in der Heimat zu erreichen, aber hier heißt es: „Allen Gewalten zum Trotz sich erhalten." Wenn man bedenkt, wie viel feindliche Sender wohl stündlich ihr Gift über Deutschland ausstrahlen und wie manche deutsche Menschen dem willig ihr Ohr leihen und dadurch leicht zum Träger von Gerüchten werden, so kann man ermessen, welchen Wert der Feind diesem Kampf auf der inneren Linie beilegt, von den vielen Agenten, die herumlaufen und im Sinne des Feindes arbeiten ganz zu schweigen.

Ihr Lieben! Man fragt auch wohl nach dem Sinn des Lebens, wenn man die vielfältigen Zerstörungen sieht. Werte, die Generationen zusammengetragen haben, werden in einer Stunde vernichtet. Menschen sterben und leiden und nehmen Schaden an ihrer Gesundheit über alle Maßen. Da richten wir den Blick auf die Ewigkeit:

Was sorgst du bis zum letzten Tritt!

Nichts brachtest du, nichts nimmst du mit.

Die Welt vergeht mit Lust und Schmerz;

Schau himmelwärts!

Da, wo dein Schatz ist, ist dein Herz!"

Winkelmann sieht richtig, dass der Feind durch seine Bombenangriffe auf die Zivilbevölkerung die Kampfmoral in der Heimat brechen will. Ihre Rundfunkpropaganda und ihre Agententätigkeit habe das Ziel, die Zivilbevölkerung kriegsmüde und kriegsmürbe zu machen.

Seine Antwort auf die Schäden und das Leid ist keine politische Reflexion über die immer auswegloser werdende militärische Lage, sondern sieht in der Besinnung auf die Ewigkeit einen Weg, einen Sinn in das Ganze zu bringen. Die ganz andere Welt ist die, die Gott bereit hält.

Er fragt an keiner Stelle, ob es nicht vielleicht auch aus christlicher Verantwortung geboten wäre, dem grausamen Krieg ein politisches Ende zu bereiten, um Menschenleben und Kulturwerte zu retten. Auch jetzt noch im Oktober 1944 findet sich kein noch so leiser Zweifel an der Führung des Reiches. Der Führer und der nationalsozialistische Staat bleiben auch angesichts einer immer grausamer werdenden Kriegsführung außerhalb jeder kritischen Besinnung. Seine Obrigkeitstreue hat er bis zum Schluss durchgehalten.

Der Tod und die Beerdigung des Heinrich Winkelmann

Am 4. November 1944 warfen etwa 1 200 britische Flugzeuge etwa 6 000 Sprengbomben, 300 Luftminen und 60 000 Brandbomben auf Bochum ab. Zwischen 1 000 und 1 300 Menschen kamen zu Tode. Etwa 2 000 Verletzte wurden gezählt und 2 000 Häuser und öffentliche Gebäuden wurden zerstört. Die Verkehrswege waren stark beschädigt, 70 000 Menschen wurden obdachlos.

Unter den Getöteten befand sich auch Heinrich Winkelmann. Er war abends mit seinem Fahrrad zum Luftschutzdienst beim Bochumer Verein gefahren. In einem Wachraum ist er durch Bomben getötet worden. Nach einem Bericht an den Gauleiter Gau Westfalen-Süd Albert Hoffmann vom 22.12.1944 fielen bei den Fliegerangriffen vom 9.10., 4.11., 6. 11. und 18.11. innerhalb der Werksanlagen 928 Sprengbomben, 131 „Gefolgsleute" wurden getötet.

Winkelmann war seit 1934, also von seinem 42. bis 52. Lebensjahr, in diesem Unternehmen Bochumer Verein als kaufmännischer Angestellter in der „Abrechnungsabteilung" beschäftigt. Der Geist und die Praxis dieses Großunternehmens, das bald zu einem der größten Rüstungsunternehmen ausgebaut wurde, war bestimmt durch Dr. Walter Borbet (1881-1942), der im Mai 1933 der NSDAP beigetreten war und das Unternehmen im Geist des Nationalsozialismus führte. Zu seinem 60. Geburtstag erschien in der „Hüttenzeitung" von 1941 eine große Laudatio auf den „Führer der Betriebe des Bochumer Vereins", der am 1. Mai 1937 durch den Führer zum „Nationalsozialistischen Musterbetrieb" erklärt wurde:

„Ich verleihe auf Vorschlag des Reichsorganisationsleiters der NSDAP und Leiters der deutschen Arbeitsfront dem Betrieb Bochumer Verein für Gussstahlfabrikation A. G. Bochum heute am Nationalfeiertag des deutschen Volkes die Bezeichnung Nationalsozialistischer Musterbetrieb. Die Auszeichnung erfolgt auf Grund von Verdiensten im Sinne meiner Verfügung vom 29. August 1936 über nationalsozialistische Musterbetriebe. Mit der Überreichung dieser Urkunde erhält die Betriebsgemeinschaft das Recht, die Flagge der Deutschen Arbeitsfront mit goldenem Rad und goldenen Fransen zu führen. Berlin, dem 1. Mai 1937."

Nach Aufzählung der zahlreichen Verdienste von Dr. Borbet als Ingenieur und Betriebsführer heißt es jetzt über den Krieg:

„Dieser Krieg hat bisher bewiesen, dass unter der Führung Adolf Hitlers das deutsche Volk materiell, physisch und seelisch aufs beste gerüstet war und ist. Auch der Bochumer Verein hat sich mit seiner Führung und Gefolgschaft freudig der Erfüllung der Aufgaben hingegeben, die dem Werk durch die neue Zeit und die befreienden Taten eines Adolf Hitler gestellt waren. Wir vom Bochumer Verein sind stolz darauf, dass wir als eine der größten Waffenschmieden des Deutschen Reiches daran mitwirken konnten und können, der kämpfenden Truppe das Rüstzeug zu geben, dank dem unsere Wehrmacht, neben der unvergleichlichen Ausbildung und Hingabe unserer Soldaten an der Front, so herrliche Siege erringen konnte, wie sie die Welt bisher noch nicht sah…"

Heinrich Winkelmann fühlte sich in der Waffenschmiede des Bochumer Vereins am richtigen Platz. Er war durch die erfahrenen Ehrungen 1934 und 1937 ein im Werk und in der Stadt bekannter Mann geworden. Er repräsentierte in neuerer Zeit den alten heldenhaften Frontkämpfer, ein Vorbild für die jetzige Generation der Kämpfer für Deutschlands Ehre und siegreiche nationale Zukunft. Mit seinem obersten Chef wird er beruflich und politisch harmonisiert haben.

Bei seiner Beerdigung am 14. November 1944 sprachen Tilmann Beckers für die Freunde aus dem CVJM-Soldatenkreis, ein Herr Balander vom Büro und ein Repräsentant der Partei, dessen Mitglied er geworden war. Seine Motive für diesen Parteieintritt kennen wir nicht.

Aber diese Mitgliedschaft spielt in seinem Leben keine nachweisbare Rolle. Seine innere Heimat waren der CVJM und die Bekennende Kirchengemeinde.

Ihnen diente er mit Worten und Taten. Nirgends zitiert er in seinen Briefen aus dem NSDAP-Parteiprogramm oder aus Führerreden und anderen offiziellen Verlautbarungen. Aber identifiziert hat er sich mit der Innen- und Außenpolitik des Kanzlers. Aus seiner nationalprotestantischen Tradition heraus war es ihm kein Problem, Hitler als die von Gott legitimierte Obrigkeit anzuerkennen. Damit repräsentiert er einen nicht selten im kirchlichen Protestantismus anzutreffenden Zeitgenossen: eindeutig in der Christusnachfolge und zugleich eindeutig in der politischen Gefolgschaft des Führers.

Dieser Mann wurde nun vom Altenbochumer BK-Pfarrer Erich Brühmann beerdigt, der auf dem Hauptfriedhof Freigrafendamm tagelang Massenbeerdigungen durchführen musste. In seinen Erinnerungen 1978 hat er geschrieben:

„Der schwarze Tag, der große Jammer und der große Trost

Als wir am 4. November 1944 durch die heulenden Sirenen in die Stollen und Bunker gerufen wurden, sahen wir am nördlichen Himmel schon die „Christbäume" leuchten, jene Lichtertrauben, mit denen ein Vorausflugzeug den Bombern das Ziel markierte. Aber wir ahnten noch nicht, dass der schwerste Bombenangriff auf unsere Stadt bevorstand. Der 4. November wurde der schwarze Tag Bochums. 1 248 Bürger starben an diesem Abend oder erlagen ihren Verletzungen. Mit Schwester Maria Welschbach, die abends einen Stahlhelm trug, weil sie bei

Angriffspausen von einem Stollen zum andern lief, um erforderlichenfalls erste Hilfe zu leisten, mit ihr also ging ich nach der „Entwarnung" durch die Gemeinde. Immer wieder einzelne brennende Häuser und verstörte Menschen. In der Wasserstraße trafen wir Menschen, die berichteten, der Bunker in der Tonderner Straße sei durch eine Luftmine aufgerissen worden und alle 228 Insassen seien an einem Lungenriss gestorben.

Der Kirchenkampf war im Bombenkrieg erstickt. Bei den Massenbeerdigungen auf dem Hauptfriedhof habe ich keinen DC-Pfarrer mehr getroffen. Wir amtierten stets zu zweit, ein evangelischer und katholischer Pfarrer. Von uns waren die Kollegen Zipp, Bischoff-Hamme, Pitsch-Riemke und ich meistens im Einsatz, die anderen hatten einen zu weiten Anmarschweg oder auf ihren Friedhöfen zu tun. Die Stadtverwaltung hatte drei Termine für jeden Tag angesetzt: 10, 14 und 16 Uhr. Dann fuhr ein Flachwagen, vor den ein Pferd gespannt war, die Särge an die ausgehobenen Massengräber und Soldaten ließen die Särge herunter. Vorher hatte man SA-Leute bei diesem Dienst eingesetzt, aber seit sich einmal laute Wut bei den Anwesenden Luft verschafft hatte, wagte man das nicht mehr. Über die große Grube wurde eine Gerüstbohle gelegt, auf der einer von uns stand und eine Ansprache hielt, um die oft zahlreich Versammelten zu erreichen. Danach traten wir an die einzelnen Särge, der evangelische Pfarrer mit dreimaligem Erdaufwurf und der Bestattungsformel, der katholische mit Weihwasser. Einen katholischen Priester habe ich erlebt, der brachte das geweihte Wasser im Hustensaftfläschchen mit; ein junger Pastor von Christ-König mit wehendem Haar hatte ein Tragekreuz bei sich, das er wie ein Siegeszeichen in den Erdhügel stieß.

Bis es zur Beerdigung kam, hatten die Angehörigen der Toten viel zu erledigen. Zunächst mussten sie ihren oft schwer erkennbaren Toten unter den vielen auf den großen Rasenflächen gelagerten Leichen finden, dann mussten sie den Stadtarzt Dr. Tegeler holen, der in seinem Kleppermantel tagelang von einer Leiche zur anderen eilte, um den Totenschein auszustellen. Mit dem Totenschein gingen sie zu dem auf dem Friedhof eingerichteten Standesamt, um die Sterbeurkunde ausfertigen zu lassen. Bevor sie aber am Friedhofsamt den Bestattungstermin erhalten konnten, mussten sie einen Sarg erkämpfen. Es gab nur Sperrholzsärge aus rohem Holz, aber die meisten Toten wurden in einem halben Sarg beigesetzt, im Unterteil oder Sargdeckel, in dem sie mit einem Tuch zugedeckt wurden. Fast drei Wochen standen die Gräber noch offen da, bis für alle Halbsärge das Oberteil beschafft war und die Gruben zugeschaufelt werden konnten. Das größte dieser Massengräber, an denen ich amtiert habe, barg 27 Särge, es gab auch kleinere, die nur 10 oder noch weniger aufnahmen. Es kam darauf an, wie viel Tote identifiziert wurden und welchen Termin die Angehörigen wünschten. In besonderen Fällen wurde am Ende einer Reihe ein Einzelgrab bewilligt, so für den Presbyter Winkelmann von der Melanchthonkirche, weil er später umgebettet werden sollte.

Seine Familie gehörte zu denen, die in den Abendstunden des 4. November 1944 ihr Hab und Gut in Flammen aufgehen sahen und obdachlos wurden. Am frühen Morgen des nächsten Tages kam Frau Winkelmann mit zwei Kindern zu uns; eine der Töchter war unsere Hilfsorganistin. Sie waren froh, dass sie wieder eine Bleibe hatten, aber schon am Vormittag wurde immer bedrückender die Sorge um den Vater, der noch nicht nach Hause gekommen war. Er hatte Nachtdienst auf dem Bochumer Verein, und zuerst beruhigte sich seine Frau mit der Überlegung, dass dort viel aufzuräumen sei und er darum erst im Laufe des Tages heimkommen würde. Allmählich wurde aber bekannt, dass auch auf dem Gelände dieses Werkes viele Bomben niedergegangen waren. Darum ging sie dann zum Hauptfriedhof und suchte unter den Leichen, die dort auf den großen Rasenflächen zusammengetragen waren, nach ihrem Mann. Am folgenden Tag ging sie wieder und suchte ihn. Erst am 7. November fand sie ihn, sie erkannte den arg verstümmelten Körper an einem Manschettenknopf. In diesen schweren Tagen, die voll waren von niederdrückendem Erleben, war es ihr geschenkt, von all diesem Jammer wegzusehen auf den lebendigen Herrn. Als ich sie fragte, welches Bibelwort wir am Grab ihres Mannes bedenken sollten, sagte sie: „Dennoch bleibe ich stets an dir, denn du hältst mich bei meiner rechten Hand, du leitest mich nach deinem Rat."

Das hat sie nicht so glatt und fromm dahingesagt, sie war durch schwere Anfechtungen hindurchgegangen. Aber es war ihr in diesem unbeschreiblichen Jammer geschenkt, sich an den zu halten, der uns nach seinem Rat führt. Die Schar, die um das offene Grab stand, durfte etwas erfahren von dem Gehaltenwerden im Frieden Gottes, den die schaurige Umgebung mit dem kaum erträglichen Verwesungsgeruch nicht wirklich stören konnte. Mich störte es auch nicht, dass, während wir das Vater Unser beteten, ein Friedhofswärter mich kräftig am Talar zupfte, um mich an ein Massengrab zu holen."

(Brühmann: Bei uns in Altenbochum 184 ff)

Dieser Pfarrer kann stellvertretend für einige evangelische Pfarrer stehen, die nicht eingezogen oder verzogen waren. Leider wissen wir nicht, was sie an den Gräbern zu den gewaltsamen Toden gesagt haben und mit welchen Inhalten des Evangeliums sie zu den Überlebenden gesprochen haben. Leider haben sie auch nach dem Krieg wenig über ihre Erlebnisse im Bombenkrieg gesagt.

Brühmann erwähnt eine Diakonisse. Sie gehört zu der kleinen Schar von Diakonissen, die sich auf die Betreuung der Überlebenden konzentriert haben. Sie haben mit ihren bescheidenen Mitteln geholfen, wo und wie sie nur konnten. Sie repräsentieren eine helfende Kirche in den menschlichen, sozialen und ökonomischen Problemen einer zerstörten Stadt. Leider besitzen wir auch hier keine genaueren Schilderungen über ihre Tätigkeiten im Dienst verzweifelter Menschen.

Zu den ausgebombten Familien gehörte auch die Restfamilie Winkelmann. Wie es ihr ergangen ist, beschreibt Mutter Winkelmann in einem Brief vom 10.12.1944 an die beiden Schwestern ihres Mannes:

„Nach aller Unruhe und den Sorgen der letzten Wochen komme ich jetzt mal dazu, Euch ein paar Zeilen zu schreiben. Vorgestern Eueren Brief vom 21. November erhalten, herzlichen Dank für die trostreichen Worte. Ich weiß, dass auch Ihr sehr unter diesem schweren Verlust leidet und es nur noch ein Wiedersehen in der ewigen Heimat gibt mit unserem lieben Hein. Als die Beerdigung am 14. Nov. um 14 Uhr stattfinden sollte, war ich doch immer noch sehr in Sorge, da zu gleicher

Zeit 27 Tote evgl. beerdigt wurden von Pastor Brühmann. Wir hatten doch beantragt für ein Einzelgrab, da unser Vater doch später mal überführt werden soll. Käthe ist dann nochmals zu den Friedhofsmännern gegangen u. drum gebeten, dann haben sie Vaters Sarg an einem Einzelgrab abgesetzt. Frau Professor Schlößmann ging schnell und sagte Pastor Brühmann Bescheid. Er kam dann zu uns und meinte, er könne ja dann erst bei unserem Vater die Grabrede halten. In der Zwischenzeit fuhren die 26 Särge weiter und wurden auf einem anderen Feld abgesetzt. Selbst Pastor Brühmann fiel es schwer, von unserem Vater Abschied zu nehmen; dann sprach noch T. Beckers und noch einige Herren vom CVJM, einer von der Partei und Herr Ballendat vom Büro. Auch er schätzte ihn als einen treuen, fleißigen, pflichtbewussten Arbeitskameraden. Ihr könnt es mir glauben, in der darauffolgenden Nacht habe ich das erste Mal ein paar Stunden geschlafen, weil ich nun wusste, unser Vater ist jetzt geborgen und ruht nun in stiller Erde.

Ich bin ja doch noch reich gesegnet und habe drei erwachsene Kinder, die mir treu zur Seite gestanden haben, ach, nicht drei, sondern vier Kinder, unsere Edith ist ja so tapfer gewesen in Pommern. Familie Weber schreibt es und sie selbst schreibt an Vaters Beerdigungstag: Ich habe immer gebetet „Herr, Dein Wille geschehe", wenn ich nicht fahren darf und soll, will ich auch gehorsam sein. Die Eltern einer Klassenkameradin waren nach Neustettin gefahren und denen hatte ich gesagt, dass Edith nicht nach Bochum kommen sollte. Die kamen am Beerdigungstag in Neustettin an und brachten die Nachricht vom Vater mit. Einen Tag zuvor hatte Edith die Nachricht bekommen, dass der Vater vermisst sei. Ich bin auch froh, dass das Kind die weite Reise nicht gemacht hat, mit dem großen Durcheinander hier. Denn es ist ja auch fast den ganzen Tag Alarm und man meint, in den Bochumer Trümmern fallen keine Bomben mehr, u. doch, trotzdem. Wir wohnen jetzt ganz außerhalb Bochums bei einem CVJM-Freund unseres Vaters und die Tochter ist gleichzeitig Hildes Schulfreundin. Fam. Schneider hat 6 Kinder. Der älteste Sohn ist Soldat, 3 Kinder gehen auswärts zur Schule und zwei Mädchen sind zu Hause. Wir haben 1 ½ Zimmer, in dem halben stehen unsere kaputten Möbel und im anderen Zimmer wohnen wir.

Wir haben jetzt wieder eine warme Stube und Wasser und Licht. In der Petersstr. wird nie mehr Wasser und Licht kommen und doch wohnen noch fast in jedem ausgebrannten und zertrümmerten Haus Familien im Keller. In Peterstr. 18 wohnen noch zwei Familien im Keller. 14 Tage lang oder noch mehr haben wir auch im Keller gewohnt. 5 Familien im Luftschutzkeller zusammen. 3 ausgebombte Familien wohnten ja schon länger bei uns im Haus. Helmut und Hilde haben ihren ganzen Urlaub im Keller zugebracht. Hilde und ich haben dann eine Woche bei Pastor Brühmann gewohnt und sind dann nach hier übergesiedelt. Herr Schneider war immer sehr hilfreich. – Tilmann Beckers hat uns dann auswärts Anzeigen drucken lassen, auch ebenfalls in unserer Zeitung. …

Unsere Hilde hat ja jetzt immer einen sehr weiten Weg zu ihrer Arbeitsstätte, in Wind und Wetter per Rad 1 Std. Straßenbahnen fahren nur außerhalb ein Stückchen. Die Bergschule ist auch am 4.11. ganz ausgebrannt und sie arbeiten jetzt im Bergbaumuseum…

Schreibt mal bitte bald wieder, hoffentlich können wir uns bald wieder sehen und nun grüße ich Euch alle mit einem Gott befohlen Eure Traudchen und Hilde.

PS: Heute erhielten wir einen schönen Brief von Herrn Pastor Denkhaus u. Frau. Tilmann Beckers ist noch nie ein Sterbefall in seiner Familie so nahe gegangen wie der seines treuen Freundes Heinrich."

Dieser Brief dokumentiert die Situation nach einem Bombenangriff, wie sie von Tausenden in Bochum erlebt wurde. Die Keller der zerstörten Wohnungen werden zu den engen Aufenthaltsorten verschiedener Familien. An Wasser, Licht und Heizung ist nicht zu denken. Von ihrem Keller aus muss Frau Winkelmann zunächst ihren Mann unter den haufenweise liegenden Toten am Freigrafendamm erst identifizieren, dann die Vorbereitungen zu seiner Beerdigung bei den verschiedenen Behörden treffen und für eine kirchliche Beerdigung sorgen. Der der Familie seit Jahren bekannte Pfarrer Brühmann spielt eine wichtige Rolle vor, bei und nach der Beerdigung. Er kannte den Presbyter Winkelmann von seinen Vertretungspredigten in der Melanchthongemeinde und von gemeindlichen BK-Treffen her. Das Pfarrhaus Brühmann nahm für einige Tage die Mutter Winkelmann und ihre Tochter Hilde auf, bevor ein CVJM-Freund für neue und gute Unterkunft sorgte. Es ist ein Beispiel für Tausende von Hilfeleistungen, die gerade in der äußersten Not gegenseitig geleistet wurden.

Aber das persönliche Leid sollte noch nicht zu Ende sein: Sohn und Bruder Helmut war am 7. Dezember nach einem Luftangriff auf Osnabrück zu Tode gekommen. Die neunzehnjährige Zwillingschwester Hilde schreibt am 20. Dezember 1944 einen Brief an die Verwandten über das nächste Familiendrama:

„Präg ins Herz uns allen,
dass für uns gefallen
unsere Treuen sind.
Dass ihr Bild und Segen
bleibe aller Wegen
bis auf Kindes Kind.
Gib Beistand dem Vaterland,
dass nicht so viel edles Leben
sei umsonst gewesen.

Ihr Lieben!

Da die Verbindung von Haus zu Haus so schwer ist, will ich heute mit der Maschine schreiben, weil ich dann gleich an alle zu gleicher Zeit schreiben kann. Ich glaube, dass Ihr mich versteht.

Unser lieber Vater ist nun schon vor mehr als vier Wochen heimgegangen in das himmlische Reich unseres Heilandes. Gottes Wort stärkt und tröstet uns in unserem Leid. Heute habe ich die schwere Aufgabe, Euch eine neue traurige Nachricht zu übermitteln, die wir selbst noch nicht fassen können. Denkt Euch, am Samstagmorgen (16.12.) erreichte uns über die Flakgruppe Bochum ein Fernschreiben mit folgendem Inhalt:

„Fhj. Uffz Helmut Winkelmann durch Bomben schwer verwundet. Kommen dringend erwünscht. – Inf. Gesch. Ers. U. Ausb. Kp. 416 Osnabrück. Gez. Molitor Oblt."

Frau Schneider, bei der wir wohnen, hat die Nachricht angenommen, da Mutter zum Bochumer Verein gegangen war und anschließend noch aus unserem Keller etwas holen wollte. Die Tochter Elfriede hat Mutter sofort gesucht und dann mir Bescheid gesagt. Nachdem Mutter sich eine Reisebescheinigung geholt hatte, sind wir sofort von Bochum-Nord aus nach Osnabrück gefahren, es war etwa 13 Uhr. Wir konnten die Nachricht erst gar nicht glauben, da Helmut doch in Paderborn auf die Abkommandierung zur Kriegsschule wartete. Nach seinem Urlaub hatten wir noch nichts von ihm gehört, da die Post über Hagen ja so lange unterwegs ist. Die Hinfahrt hat recht gut geklappt, wir kamen schon des Abends um 20 Uhr in O. an. Gleich am Bahnhof erkundigten wir uns, an wen wir uns wenden sollten. Die Wehrmachtsauskunftstelle (Standortältester) hat mit der Winkelhausen-Kaserne telefoniert, in der die betreffende Einheit lag. Die Nachricht, dass der Oberleutnant sofort kommen werde, gab uns sehr zu denken. Wir nahmen im Büro Platz und nach etwa einer halben Stunde kam der Kompagnie-Chef von Helmut und begrüßte uns sehr ernst. Er bedauerte, dass wir nicht eher kommen konnten. Darauf fragte Mutter: „Ist er denn schon tot?" „Ja". –

Ist das nicht furchtbar, wir und besonders Edith warten jeden Tag darauf, dass er seinen Erholungsurlaub bekommt, in dem er Edith in Neustettin besuchen wollte, da hören wir plötzlich, dass er schon begraben ist.

Am 6. Dezember war ein schwerer Terrorangriff auf Osnabrück. Einige Fahnenjunker, die seit dem 3. Dezember in Osnabrück zusammengefasst waren, um das Reiten zu erlernen und dann zur Kriegsschule zu fahren, wurden eingesetzt, um die Brandbomben in der Kaserne zu löschen. Es war ein nicht allzu großer Brand. Plötzlich explodiert noch eine mit Sprengsatz, wodurch Helmut eine schwere Kopfverletzung erhält. Er kam sofort ins Lazarett und ist am Morgen, den 7.12.1944, um ½ 11 Uhr gestorben. Am 14. Dezember, also genau einen Monat später als unser Vater, ist er auf dem Ehrenfriedhof des Hegerfriedhof in Osnabrück beigesetzt worden. Am Sonntagmorgen hat uns sein Freund, der Fahnenjunker. Uffz. Damann an sein Grab geführt, das mit zwei Kränzen geschmückt war. Ja, es ist bitter, wenn man kurz hintereinander an den Gräbern von zwei lieben Angehörigen steht. Tagsüber konnten wir nicht zurückfahren, da die Züge immer von Tieffliegern beschossen werden, so hatten wir den Zug um 19.35 vorgemerkt. Da wir nichts Besonderes mehr zu erledigen hatte, suchten wir Trost in Gottes Wort und gingen in die Katharinen-Kirche, die uns als evangelische Kirche gezeigt war. Die Gottesdienstordnung war anders als bei uns, doch die Predigt über Titus 2,13: „Wir warten auf die selige Hoffnung und Erscheinung der Herrlichkeit des großen Gottes und unseres Heilandes Jesu Christi" gab uns Kraft und Stärke, ist doch dieses Wort die Grundlage und das Ziel des christlichen Lebens. Unsere beiden Entschlafenen dürfen nun den sehen, an den sie geglaubt haben. Zum Schluss des Gottesdienstes wurde der gefallenen Helden aus der Gemeinde gedacht, zuerst wurden zwei Flaksoldaten genannt, dann sagte der Pfarrer:

„Und in selbstlosem Einsatz von der Infanterie-Geschütz-Kompagnie Nr. 416 der Fahnenjunker-Unteroffizier Helmut Winkelmann aus Bochum-Stiepel."

Wir sind daraufhin nach dem Gottesdienst zu dem Pastor gegangen und erfahren, dass er der evangelische Standortpfarrer, Herr Lic. Dr. Schäfer, war, der auch unseren Helmut beerdigt hatte. Von ihm erfuhren wir noch Einzelheiten über den Tod und die Beerdigung. Er hat ihm das Wort aus dem 2. Korintherbrief nachgerufen: „Lass dir an meiner Gnade genügen, denn mein Kraft ist in den Schwachen mächtig.".

Sonntagabend sind wir dann abgefahren und mit vielen Hindernissen am Montagmittag in Bochum angekommen. Wie dankbar sind wir doch, dass wir wieder ein so nettes Heim bekommen haben. Wir haben es schon recht gemütlich, Familie Schneider ist sehr freundlich und lieb zu uns. Wir wohnen ja weitab von der Stadt, so dass ich einen weiten Weg zum Dienst zurücklegen muss, aber das kann ja schon überwunden werden. Im Übrigen wissen wir ja nicht, wie es morgen sein wird. Jeder Tag bringt ja so unendlich viel Leid in deutsche Familien, dass man schier verzagen müsste. Der neue deutsche Vorstoß im Westen bringt neuen Mut. Wir wissen ja alle, dass wir durchhalten müssen, wir wollen uns mit allen Kräften einsetzen, damit wir einen siegreichen Frieden erarbeiten und erkämpfen.

Ich habe jetzt so viel von hier erzählt und weiß nicht, wie es Euch in der Zwischenzeit ergangen ist. Neue Fliegerangriffe haben die Heimat zerstört. Wie geht es Euch? Hoffentlich seid ihr noch gesund. Mutter wird noch einige Zeilen beifügen. Ich wünsche Euch allen eine gesegnete Weihnachtszeit und alles Gute im neuen Jahr.

Ein Tag, der sagt dem andern,
Mein Leben sei ein Wandern
Zur großen Ewigkeit.
O Ewigkeit, so schöne,
mein Herz an dich gewöhne,
mein Heim ist nicht in dieser Zeit.

Es grüßt Euch, Ihr Lieben, recht herzlich Eure Hilde."

Und die Mutter, damals 53 Jahre, fügt hinzu:
„Ihr Lieben, man kann es nicht fassen. Gott der Herr gebe uns Kraft, all das Schwere zu tragen. Ich hatte vor, für ein paar Tage zu Käthe zu fahren, aber ich bin froh, dass ich noch hier in Bochum war. Für Hilde wäre es ja schwer gewesen, all das Leid in diesen Tagen allein zu tragen. Hilde hat ja alles schön ausführlich geschrieben. Dina, ich glaube, Du gehst mit Hildens Brief mal zu Pastor Denkhaus, dann kann er den mal lesen und weiß dann Bescheid. Herr und Frau Pastor Denkhaus haben uns nämlich einen sehr schönen, lieben Brief geschrieben. –

Wann werden wir uns mal wiedersehen? Dina, zu Deinem Geburtstage und für das neue Lebensjahr alles Gute.

Es grüßt Euch alle mit einem Gott befohlen Euere Traudchen."

Diese Schilderung der Zwillingsschwester von Helmut Winkelmann, Hilde, zeigt überdeutlich, wie die Lebenssituationen Ende 1944 gewesen sind. Sie kann als typisch für die letzten Monate des Krieges gelten. Mutter und Zwillingsschwester hatten im Gegensatz zu Hunderttausenden von Zeitgenossen die Gelegenheit, das Grab ihres Helmut zu besuchen und noch einiges Genauere über seinen Tod hören zu können. Eine Ehefrau verliert in einem Monat ihren Mann und ihren Sohn. Sie steht für eine ganze Generation von Frauen, deren Heimat nicht nur durch Bomben zerstört oder die das ganze Elend einer Flucht erleben mussten, sondern auch Familienmitglieder verloren. Sie ist ein Beispiel für die doppelte Angst, die Frauen gehabt haben: anfangs bangten sie um das Leben ihrer Männer und erwachsenen Kinder und bald bangten sie auch um das eigene Überleben. Im Gegensatz zu vielen Deutschen, die Verluste ertragen mussten, ist die Restfamilie der Winkelmanns davon überzeugt, dass die getöteten Männer von Gott in die Ewigkeit aufgenommen worden sind und den sehen, an den sie geglaubt haben. Diese Zuversicht gibt ihnen Trost im Leid und Halt zum Weiterleben.

Und sie sind wie der Vater und sein Sohn auch noch Ende 1944 zuversichtlich, dass der Krieg noch mit einem siegreichen Frieden ausgehen kann, wenn er durch letzten Einsatz erkämpft wird.

Mutter Winkelmann hatte in der Zeit der Jahrswende nur noch eine Freude: die Rückkehr ihrer jüngsten Tochter Edith aus Pommern. Hier erst erfuhr Edith von dem Tod ihres Bruders, auf dessen Besuch sie so lange gehofft hatte. Sie wohnte dann mit ihrer Mutter und Schwester Hilde im Hause der Schneiders. Über ihre letzten Monate im Krieg schreibt sie später:

„Die Zeit bis zum Kriegsende war auch in Bochum schrecklich. Ich habe ständig in Angst gelebt. Immer wieder war Alarm und wir mussten durch Schneiders Garten in einen Stollen, der uns Schutz bieten sollte. Am Ende des Gartens war ein Zaun mit einem Törchen. Als eines Abends wieder Alarm war und wir in der Dunkelheit das Törchen nicht fanden, wir die Flieger schon brummen hörten und am Himmel die Christbäume standen, die das Fallen der Bomben anzeigten, wollte Mutter gar nicht mehr mit und sagte immer: „Ach, lasst mich doch!" Sie war so verzweifelt! Wir zogen sie aber mit und kamen gerade noch rechtzeitig in den Stollen, bevor es wieder rummste und krachte.

Später ließen die Menschen, die sich immer wieder im Stollen einfanden, alle ihre Koffer und Köfferchen mit persönlichem Besitz, Dokumenten und Sparbüchern im Stollen zurück, um das Hin- und Hertragen zu ersparen. Damit nichts gestohlen wurde, blieb eine Wache bei den Sachen. So wurden auch Hilde und ich mal eingeteilt, auf die Sachen aufzupassen. Es war unheimlich dort unten! Wasser tropfte, es gab nur eine schlechte Belüftung, in den Stützbalken knackte es, und wir waren heilfroh, als es endlich wieder Alarm gab und die anderen Leute hereinkamen.

Das Ende des Krieges erlebten Hilde und ich, während wir in einer Menschenschlange um Brot anstanden. Wir hörten das Rasseln der Panzer und als sie auf der Markstraße heranfuhren, liefen viele Leute weg. So kamen wir bald in die Bäckerei, kriegten unser Brot und rannten dann auch nach Hause. Der Krieg war nun aus. Es gab keine Bombenangriffe mehr, das war gut, aber die Hungerzeit begann erst."

Ein Nachwort

Es ist die Geschichte eines Mannes, der sich als Soldat im Ersten Weltkrieg durch besondere Tüchtigkeit ausgezeichnet hatte und Träger des höchsten Ordens war, der an Nichtoffiziere verliehen wurde. In der Weimarer Zeit war es still um den Wachtmeister Winkelmann. Das wurde anders, als in der NS-Zeit die Helden des Weltkriegs wieder als Vorbilder der neuen Wehrmacht gepriesen wurden. Der „Weltkriegsheld" arbeitete als Büroangestellter ab 1934 in dem Rüstungsunternehmen des Bochumer Vereins. Im Kirchenkampf der evangelischen Kirche war er Mitglied der Bekennenden Kirche, die sich gegen die Selbstgleichschaltung der Kirche im NS-System durch die deutschen Christen und gegen die Religions- und Kirchenpolitik des NS-Staates wandte. Als Mitglied des CVJM gehörte er zu den entschiedenen Christen. In den von ihm seit 1940 herausgegeben „Soldatenbriefen" des CVJM versuchte er, ein Kontaktnetz der alten und jungen Mitglieder des Vereins zu knüpfen und die fundamentalen Aussagen der Schrift für das religiöse Selbstverständnis im Geschehen des Krieges zu entfalten. Als bewusst evangelischer Laie entwickelte er aus dem Glauben an Gott, der sich in Jesus Christus offenbart hat, eine auf die Bewältigung der zeitgenössischen Probleme abzielende Frömmigkeit. So sehr für ihn die Nachfolge Christi im Zentrum seines Glaubens- und Lebensverständnisses stand, so entschieden war seine politische Parteinahme für den Führer. Christusnachfolge und Führertreue konnte er miteinander verschränken. Die „Soldatenbriefe" zeigen eine Frömmigkeit, die gerade im pietistischen Lager des kirchlichen Protestantismus viele Anhänger gehabt hat. Es steht außer Frage, dass Winkelmann mit seiner christozentrischen Frömmigkeit vielen Gemeindegliedern geholfen hat, die Wirren der Zeit seelisch zu bewältigen. Und seine Berichte über das Ergehen der Kameraden dürften ein einmaliges Zeugnis für den geistlichen Zusammenhalt eines Kleinkreises sein.

Hautnah erlebt er die alliierten Bombenangriffe auf Bochum. Er sieht die Stadt immer mehr in Schutt und Asche versinken. Aber bis zu seinem Tode hält er einen deutschen militärischen Sieg für möglich, wenn alle Deutschen mit letztem Einsatz für ihn kämpfen. Für ihn war es selbstverständlich, sich im Luftschutzdienst im Wohnviertel wie im Großbetrieb des Bochumer Vereins einzusetzen.

Als Familienvater erzog er zusammen mit seiner Frau seine Kinder zu frommen Menschen und zu Mitkämpfern für ein siegreiches Deutschland. Der Zusammenhalt in der Familie war sehr ausgeprägt. Was bei ihm als formales Mitglied der NSDAP überhaupt keine Rolle spielte, war die Weltanschauung des Nationalsozialismus. Er zitiert in seinen Briefen weder Aussagen des Parteiprogramms noch Ausführungen aus den Reden des Führers. Wir haben in ihm die Geschichte eines evangelischen Mannes, für den die Schrift und das christliche Bekenntnis die Mitte seines persönlichen Selbstverständnisses und seines Handelns gewesen sind, aber aus ihnen keine kritischen oder gar widerständigen politischen Impulse entfaltet hat. Damit steht er für eine nicht geringe Anzahl im zeitgenössischen kirchlichen Protestantismus.

Die heutigen Betrachter dieses Lebens sollten vorsichtig sein mit zu schnellen Urteilen über diesen Christen. Sie sollten zunächst den außergewöhnlichen Menschen und christlichen Laien in dramatischen Zeiten sehen und dann die Grenzen in seiner Zeitgenossenschaft thematisieren. Nur mit größtem Respekt kann man sein Leben nachzeichnen und gleichzeitig seine Verstrickungen in die Irrtümer seiner Zeit aufzeigen.

Als Beispiel, wie Pfarrer Brühmann diese Zeit gesehen hat, sei seine Rundfunkpredigt vom 13. März 1966 wiedergegeben:

„Und ich sah in der rechten Hand des, der auf dem Thron saß, ein Buch, beschrieben inwendig und auswendig, versiegelt mit sieben Siegeln. Und ich sah einen starken Engel, der rief aus mit großer Stimme: Wer ist würdig, das Buch aufzutun und seine Siegel zu brechen? Und niemand im Himmel noch auf Erden noch unter der Erde konnte das Buch auftun und hineinsehen. Und ich weinte sehr, dass niemand würde erfunden werden, das Buch aufzutun und hinein zu sehn. Und einer der Ältesten spricht zu mir: Weine nicht! Siehe, es hat überwunden der Löwe, der da ist vom Geschlecht Juda, die Wurzel Davids, aufzutun das Buch und seine sieben Siegel.

Und ich sah: Mitten zwischen dem Thron und den vier Gestalten und mitten unter den Ältesten stand ein Lamm, wie wenn es erwürgt wäre. Und es kam und nahm das Buch aus der rechten Hand des, der auf dem Thron saß. Und da es das Buch nahm, fielen die vier Gestalten und die 24 Ältesten nieder und sangen ein neues Lied: Das Lamm, das erwürget ist, ist würdig, zu nehmen Kraft und Reichtum und Weisheit und Stärke und Ehre und Preis und Lob."

Liebe Gemeinde!

Das ist gewiss ein ungewohnter Text, den die Kirchenleitungen für diesen Sonntag vorgesehen haben. Solch einem ungewohnten Text gegenüber gibt es zwei ganz verschiedene Reaktionen: Entweder wir sind enttäuscht. Die Sprache dieser Bilder ist uns so fremd. Was sollen wir denn anfangen mit solchen seltsamen Gestalten und diesen feierlichen Worten? Was hat das alles denn mit den Fragen und Nöten unseres Lebens und unserer Zeit zu tun? Oder wir sind fasziniert von diesen Bildern, weil wir ahnen, dass dahinter vielleicht gerade etwas steht, das unserem Leben heute Halt und Hilfe sein kann.

Ich verstehe jeden, der jetzt enttäuscht ist, weil ich selbst einmal so diesem Text gegenüber gestanden habe. Ich hatte am Abend eines Werktags einen Gottesdienst zu halten zum Gedenken an den Schwarzen Tag unserer Stadt, den 4. November 1944. Und weil für die Werktage keine Predigttexte vorgeschrieben sind, las ich den Abschnitt der Bibellese dieses Tages, und das war unser heutiger Text. Da war ich zunächst hilflos und ratlos: Was sollen uns an diesem Abend beim Gedenken an den Tag, an dem ganze Stadtteile Bochums von Bomben zerstört wurden und 1.248 Menschen einen jähen Tod starben, diese schweren, feierlichen Worte? Aber dann fing der Text gewaltig an zu reden. Die Brücke zum 4. November 1944 war dieser kurze Satz: „Und ich weinte sehr."

Da kam die Erinnerung an die Nacht nach dem 4. November, als ich mit unserer alten Gemeindeschwester durch die Straßen ging und immer wieder verstörte Menschen traf, die um ihr verlorenes Heim und die verlorene Habe weinten oder um Angehörige, die ihnen entrissen waren. Und dann vierzehn Tage dieses Weinen auf dem Hauptfriedhof, bis die Toten identifiziert und die Särge beschafft waren, und bis wir schließlich an den Massengräbern standen. Vielen von uns, die gar nichts vom 4. November 1944 wissen, ist dieses Weinen aus eigenem schwerem Erleben bekannt. Wie viel ist in den Jahren des Krieges geweint worden und wie viel wird jeden Tag geweint um bitteres Leid und zerstörte Hoffnungen!

Aber damals im Krieg war noch ein anderes – ich möchte sagen: ein tieferes – Weinen vernehmbar. Über all dem Schweren war bei vielen die Frage aufgebrochen: Was hat das ganze Leben für einen Sinn? Was soll das alles, Schmerz und Lust dieser Welt? Wie ist es mit der sogenannten Weltgeschichte? Ist sie der Ort, „wo rohe Kräfte sinnlos walten?" Oder gibt es da ein Ziel und einen Sinn? Wenn wir auch von diesem Weinen etwas wissen, dann sind wir sehr nahe bei unserem Text: „Und ich weinte sehr."

Der Mann, der weint, ist der Seher der Offenbarung. Vor seinen Augen hat sich eine Tür aufgetan, und er schaut in einen weiten himmlischen Raum. Der ewige Gott auf seinem Thron hält eine Buchrolle in der Hand, „beschrieben inwendig und auswendig, versiegelt in sieben Siegeln." Was ist das für ein geheimnisvolles Buch? In diesem Buch ist der Heilsplan Gottes mit uns Menschen und der ganzen Welt aufgezeichnet, der Sinn der Weltgeschichte und der einzelnen Lebensgeschichten. Aber das Buch ist verschlossen mit sieben Siegeln. In dieser Aussage zeigt sich das tiefe Wissen der Bibel um die Abgründigkeit der Geschichte. Wir stehen der Geschichte mit bohrenden Fragen gegenüber, wir wollen Antwort auf die Fragen unseres persönlichen Lebens, Antwort auf die Fragen des Geschehens in der weiten Welt. Aber Gott allein hat das Buch in der Hand, man kann es nicht einfach aufschlagen und in ihm lesen. „Und ich sah einen starken Engel, der rief uns mit großer Stimme: Wer ist würdig, das Buch aufzuschlagen und seine Siegel zu brechen?" Über all den Rätseln der Menschheitsgeschichte und über all den brennenden Fragen der einzelnen Lebensgeschichten lastet es wie ein einziger Schrei; „Wer ist würdig?" Und wieder zeigt sich die Sachlichkeit der Bibel: „Und niemand im Himmel noch auf Erden noch unter der Erde konnte das Buch auftun und hineinsehen." Niemand! Niemand im Himmel noch auf der Erde noch unter der Erde! Also: der Sinn der Geschichte wird nicht enthüllt auf dem Höhenflug des Idealismus, auch nicht auf den mystischen Wegen der Versenkung, auch nicht auf den geheimnisvollen Wegen der Zauberei, die mit den dunklen Mächten der Tiefe Kontakt sucht.

„Und ich weinte sehr, dass niemand würdig erfunden ward, das Buch aufzutun und hineinzusehen." So berichtet der Seher. Wie sollte er auch nicht weinen! Die Machthaber des totalen römischen Staates haben diesen Mann auf eine einsame Felseninsel verbannt, um ihm mit allem Nachdruck klarzumachen, dass die Sache mit Jesus endgültig vorbei ist. Nun bedrängen ihn die Fragen: Warum bin ich herausgerissen aus der Arbeit in den Gemeinden, die mich doch brauchen? Warum werden die Christen gequält und verfolgt? Warum sieht es so aus, als ob tatsächlich der Kaiser in Rom der Herr der Welt ist? Und behalten nicht am Ende doch die andern Recht, die ihn wie einen Gott verehren? Wo ist in alledem ein Sinn? „Und ich weinte sehr, dass niemand würdig erfunden ward, das Buch aufzutun und hineinzusehen."

Dieses große Weinen geht immer wieder durch die Menschheit. Viele von uns wissen, was das bedeuten kann an innerem Umgetrieben sein, an Zweifeln, an Nicht-zurecht-kommen mit sich selber und mit dieser Welt: Wir leiden an einer schweren Krankheit, wir haben Kummer in der Familie, wir erleben eine bittere Enttäuschung. Wir fangen an, nachzudenken über die Katastrophen an so vielen Stellen dieser Erde: Warum stürzen diese Flugzeuge ab? Warum fallen immer noch Bomben und töten Unschuldige?

Warum sterben täglich so viele Kinder vor Hunger? Das alles sieht doch so planlos und so sinnlos und so heillos aus! Und warum muss gerade ich diesen dunklen Weg gehen? Was hat es den für einen Sinn, sich für das Gute einzusetzen? Die andern leben ja auch und oft sogar viel besser! Siegen nicht doch immer wieder die Brutalität und die Gemeinheit? Warum? Warum, o Gott, warum?

Die meisten von uns kennen die unheimliche, bedrängende Gewalt dieser Fragen über unsere Seele. Sie fallen uns an wie Hunde, die im Dunkel auf der Lauer liegen, die uns packen und an uns zerren und die uns zu Boden reißen wollen.

Auf unserem Hauptfriedhof steht vor den großen Gräberfeldern mit den vielen Toten des Krieges ein bemerkenswertes Denkmal. Der eine Teil dieses Denkmals ist ein großes farbiges Mosaik. Die Hauptfigur ist eine Frau, deren Körper in wildem Schmerz verkrampft ist. Mit der einen Hand drückt sie ihre Kinder an sich, die andere hat sie klagend hochgereckt, das Gesicht fassungslos und heillos verzerrt. Dieses Mosaik heißt „Wehklage und Anklage". Die Frau hat zwar keine Tränen, aber gerade so drückt sie dieses Weinen aus, von dem wir bisher sprachen: Wehklage über das, was sie gelitten hat und nicht fassen kann und Anklage. Und man fragt sich: Wer wird angeklagt? Der Krieg? Die Sinnlosigkeit allen Geschehens? Oder Gott?

Aber spätestens hier muss bei uns die Frage aufbrechen: Dürfen wir überhaupt so fragen und klagen? Die schlimmste Sinnlosigkeit bringen doch wir Menschen selber in die Welt. Wir erfüllen den Sinn nicht, den der Schöpfer unserem Leben gegeben hat: „Wir sollen Gott über alle Dinge fürchten, lieben und vertrauen." Das ist der Sinn unseres Daseins. Und wir? Wir vertrauen nicht und gehorchen nicht, wo wir vertrauen und gehorchen sollten; wir suchen uns selbst, wo wir für andere da sein sollten. Darum ist uns das Buch des Sinnes und Heiles verschlossen, weil die Geschichte der Welt die Geschichte des Ungehorsams gegen

Gott ist und weil alle Not der Welt letztlich darauf beruht, dass ein heilloser Konflikt ist zwischen dem Willen Gottes und dem aufrührerischen Willen des Menschen. Um unserer Sünde willen der Sinnlosigkeit und der Heillosigkeit preisgegeben – nun wird das Weinen erst recht bitter und tief: „Und ich weinte sehr."

Liebe Gemeinde! Erst wenn wir von diesem Weinen wissen, können wir den ganzen Trost unseres Textes fassen. Der Seher vernimmt eine Stimme: „Weine nicht! Siehe, es hat überwunden der Löwe, der da ist vom Geschlecht Juda, aufzutun das Buch und seine sieben Siegel." Weine nicht! Der Löwe hat überwunden.

„Der Löwe aus Juda", das ist ein uralter Titel für den Messias. Jesus Christus hat überwunden. Er ist würdig, das Buch mit den sieben Siegeln aufzuschlagen. Von ihm bekommt alles Geschehen in der Welt und in unserem Leben seinen Sinn. Er allein kann das große Weinen stillen, das Klagen über die Sinnlosigkeit, das bohrende Fragen nach dem Warum. Seine Bezeichnung als Löwe mag den Seher erinnert haben an das, was die Alten erlebten: Wenn die Hunde in der Wüste heulten und dann der Löwe seine Stimme ertönen ließ, verkrochen sie sich winselnd in ihre Löcher, alle Stimmen der Nacht verstummten, und die Wüste hielt den Atem an vor dem König der Tiere. Vorhin haben wir gesagt: Es gibt Fragen, die fallen uns an wie lauernde Hunde, die zerren an unserer Seele und wollen uns zu Boden reißen. Nun dürfen wir es hören und erfahren: Der Löwe ist da, der die lauernden Hunde verscheucht, die uns bedrohen und uns die Welt zur Wüste machen. „Siehe, es hat überwunden der Löwe aus Juda."

W o d u r c h hat er überwunden? „Siehe!", so wird der Seher aufgefordert. „Und ich sah: Mitten zwischen dem Thron und den vier Gestalten und mitten unter den Ältesten stand ein Lamm, wie wenn es erwürgt wäre." Es ist überaus merkwürdig und überraschend, wie sich hier die Bilder wandeln: An die Stelle des Löwen das Lamm! Dadurch hat der Löwe überwunden, dass er das Lamm gewesen ist, das Lamm Gottes, welches der Welt Sünde trägt. Der Löwe hat gesiegt, nicht durch eine Demonstration der Macht, die in Konkurrenz treten könnte mit der brutal ausgeübten Macht des römischen Kaisers und der Tyrannen aller Zeiten, sondern durch die Gewalt der Liebe, die sich aufopfert. Das Lamm, das der Seher hier „mitten zwischen dem Thron" sieht, trägt die Narben einer tödlichen Wunde. Wir ahnen, woran er denkt. Schon der Prophet Jesaja hat es ausgesprochen, dass das Lamm um unserer Missetat willen verwundet und um unserer Sünde willen zerschlagen ist. Weil hinter dem großen Weinen über die Sinnlosigkeit zutiefst das bittere Weinen darüber steht, dass wir den Sinn unseres Lebens nicht erfüllen und weil hinter der Abgründigkeit der Geschichte die permanente Auflehnung gegen Gott steht, darum kann uns nur das Lamm helfen, „Unschuldig am Stamm des Kreuzes geschlachtet." Das Lamm trägt die Sünde der Welt. Jesus Christus geht den Weg hinab in die Tiefe, in alles Grauen und Leiden hinein. Er hat auch die furchtbare Verborgenheit Gottes in der Geschichte erfahren müssen, er hat auch geschrieen „Warum?" „Mein Gott, warum hast du mich verlassen?" Er ist diesen Weg für uns gegangen, er hat sich selber zum Opfer gegeben. Darum kann er uns die Vergebung schenken und die Kraft, aus seiner Vergebung zu leben und getrost unseren Weg zu gehen.

Denn von ihm heißt es hier: „Das Lamm kam und nahm das Buch aus der Hand dessen, der auf dem Thron saß." Der Thronende gibt das Buch aus seiner Hand. Nun liegt es für alle Zeit und Ewigkeit in der Hand des Herrn Jesus Christus. Darum gibt es einen Sinn für unser Leben. Darum gibt es eine Zukunft für uns, weil Er die verworrene Vergangenheit unseres Lebens in Ordnung bringen kann. Darum gibt es eine Zukunft für die Welt, weil er das Lamm Gottes geworden ist, das die Sünde der Welt trägt. In seinem Tode am Kreuz hat die Geschichte ihren Wendepunkt erreicht, und am Ende der Zeit wird Er alle Fragen und Rätsel der Geschichte lösen. Er spricht das letzte Wort, das Schlusswort der Weltgeschichte. Im Ausblick auf diesen königlichen Akt bricht nun in unserem Text ein gewaltiger Lobgesang auf, das „neue Lied": „Das Lamm, das erwürgt ist, ist würdig, zu nehmen Kraft und Reichtum und Weisheit und Stärke und Ehre und Preis und Lob."

Dieses neue Lied erklingt in der Ewigkeit, aber es ist nicht nur Zukunftsmusik. Und es könnte uns nichts Größeres geschenkt werden als dass wir auf das eine Wort hören, das uns mehrfach in unserem Text anruft: „Siehe!" „Siehe, der Löwe! Siehe das Lamm!" Und nun kommt alles darauf an, dass wir diesen Ruf hören. Wir sind alle ja ständig in der Gefahr, nur das zu sehen, was unser Leben ausfüllt, all die beglükkenden und oft auch so belastenden Dinge unseres Alltags, zu sehen, was die Geschichte bis zum Rand mit Angst und Entsetzen füllt, und daher rührt unsere Ratlosigkeit. Keiner, der nur auf sein Leben und seine Lebenserfahrungen – mit oder ohne Gott – sieht, kommt über den Satz hinaus: „Und ich weinte sehr", über meine Kümmernisse und meine Schuld vor Gott, über die Abgründe des Weltgeschehens und die Verkehrtheit und Gottlosigkeit der Welt.

„Siehe!", ruft unser Wort. Zu sehen gilt es, wegzusehen gilt es, wegzusehen von dem, was so schrecklich sichtbar ist und was unseren Blick immer wieder gefangen nehmen will. In einer Geschichte des Neuen Testaments wird von einigen Jüngern berichtet: „da sie aufsahen, sahen sie niemand als Jesus allein." Jesus allein! Er steht in der Mitte, das Lamm mitten im Thron. Und er hat das Buch mit den sieben Siegeln in seinen Händen.

Unter dem Mosaik mit dem Titel „Wehklage und Anklage", von dem wir oben sprachen, steht ein 15 Meter hohes Stahlkreuz. Über allem Klagen und Weinen der Menschen ragt das Zeichen dessen, der die Sünde der Welt trägt und der darum allein um den Sinn der Menschheitsgeschichte und unserer einzelnen Lebensgeschichten weiß. Und im Bombenkrieg ist genau so real wie „Wehklage und Anklage" die Kraft des Kreuzes erfahren worden: Unter den Toten des 4. November war ein Mann, der hatte in dieser Nacht Dienst auf einem Stahlwerk. Seine Frau, die mit ihren Kindern obdachlos geworden war und dann wieder eine Bleibe gefunden hatte, suchte ihn auf dem Hauptfriedhof unter den Leichen, die dort auf den großen Rasenflächen zusammengetragen waren. Erst am dritten Tag fand sie ihn, sie erkannte den verstümmelten Körper an einem Manschettenknopf. Als ich sie dann später fragte, welches Bibelwort wir am Grabe ihres Mannes bedenken sollten, sagte sie: „Dennoch bleibe ich stets an dir, denn du hältst mich bei deiner rechten Hand, du leitest mich nach deinem Rat." Das könnte sich so heroisch anhören. Aber wenn man das durchgemacht hat, was sie durchgemacht hatte, vergeht einem der Heroismus. Ihr waren die Anfechtungen nicht erspart geblieben: Warum geht unser Heim in Flammen auf, und warum kommt unser Vater nicht nach Hause? Warum ist er unter den Toten? Sie hat das nicht so glatt und fromm dahergesagt, aber in diesem unbeschreiblichen Jammer war es ihr geschenkt, aufzusehen auf den lebendigen Herrn, der uns nach seinem Rat führt. Es war äußerlich gar nichts anders als vorher: Ich weiß auch jetzt nicht, warum, aber Er weiß, warum, und ich glaube, dass unser Leben nicht planlos und sinnlos ist: „Du leitest mich nach deinem Rat".

Wenn unser Blick frei geworden ist, dass wir den lebendigen Herrn in der Mitte der Welt und unseres Lebens sehen, dann werden auch unsere Herzen und unsere Lippen befreit für das „neue Lied". Dann brauchen wir nicht mehr das alte Lied zu singen, das Lied der Klage und der Anklage, das Lied der Verzagtheit und der Angst.

Darum können wir das neue Lied singen, weil der alles in seinen Händen hat, der uns Sünder geliebt hat und immer liebt. Dieses neue Lied klingt oft noch recht unrein und stümperhaft, und es wird oft unter Tränen gesungen, aber es ist dasselbe Lied, das die Vollendeten und die Engel im Himmel singen: „Das Lamm, das erwürget ist, ist würdig, zu nehmen Kraft und Reichtum und Weisheit und Stärke und Ehre und Preis und Lob." – Wir wollen beten:

Ehre sei Dir, Christe, der du littest Not
an dem Stamm des Kreuzes für uns bittern Tod,
herrschest mit dem Vater in der Ewigkeit:
Hilf uns armen Sündern zu der Seligkeit! Amen"

Noch 22 Jahre nach dem Tod von Heinrich Winkelmann erinnert der Prediger, inzwischen Superintendent des Kirchenkreises Bochum, an den 4. November 1944 und an die Tage danach. Für ihn war das Leben und Sterben des entschiedenen Christen Heinrich Winkelmann wie das Schicksal seiner Familie unvergesslich.

Literatur

Archiv der Synode Bochum im Landeskirchenarchiv Bielefeld
Bochumer Stadtarchiv
Krupp-Archiv
Privatsammlung von Edith und Horst Bartel über die Familie Winkelmann

Bauks, Friedrich Wilhelm: Die evangelischen Pfarrer in Westfalen von der Reformationszeit bis 1945, Bielefeld 1980

Brakelmann, Günter: Protestantische Kriegstheologie 1914 – 1918, Kamen 2015

Ders. (Hg.): Kirche im Krieg. Der deutsche Protestantismus am Beginn des II. Weltkriegs, München 1979

Ders.: Evangelische Kirche beim Ausbruch des Zweiten Weltkriegs, in: Ein nie erledigtes Thema: Der „Frieden", Bochum 2019

Ders.: Wilhelm Schmidt: Bochumer Pfarrer in dramatischer Zeit, Bochum 2015

Ders.: Der Kirchenkampf in Harpen 1933 – 1945, Bochum 2011

Ders.: Dokumente zu: Bochum und die Bochumer Evangelische Kirche im 2. Weltkrieg im Kontext der nationalen politisch-militärischen und der kirchengeschichtlichen Ereignisse (MS 2020)

Braumann, Georg: Die evangelischen Kirchengemeinden Altenbochum, Hamme Hofstede-Riemke, Wiemelhausen 1933 – 1945 und die Altstadtgemeinde 1938 – 1945, Bochum 2007

Ders.: Einiges über Bochum im Zweiten Weltkrieg 1939 – 1945, Bochum 2007

Ders.: Evakuiert. Familienbriefe 1943-1947. Dokumente und Berichte zur Erweiterten Kinderlandverschickung 1940 – 1945, Bochum/Freiburg 2011

Brühmann, Erich: Bei uns in Altenbochum und anderswo, Dokumente, Berichte und Erinnerungen aus den Jahren 1933 – 1945

Brühmann, Erich / Bündemann, Wilhelm: Bei uns in Altenbochum. Bilder, Dokumente und Notizen, Bochum o. J.

Ders.: Rundfunkpredigt vom 13. März 1966 (Kopie)

Dühringer, Hermann / Kaiser, Jochen-Christoph (Hg.): Kirchliches Leben im Zweiten Weltkrieg, Frankfurt/M. 2005

Euler, Helmuth: Die Entscheidungsschlacht an Rhein und Ruhr 1945, Stuttgart 1981

Krüger, Norbert: Bomben und Trümmer: Die Zerstörung Bochums im Zweiten Weltkrieg, in: Jürgen Mittag / Ingrid Wölk (Hg.) Bochum und das Ruhrgebiet, Essen 2005

Lohmann, Arno (Hg.): Die Illusion vom Krieg. Der Erste Weltkrieg als kulturgeschichtlicher Umbruch, Bochum 2016

Murken, Jens (Hg.): Die evangelischen Gemeinden in Westfalen; Bd. 1, Bielefeld 2008

Norden, Günther van / Volkmar Wittschütz (Hg.): Evangelische Kirche im Zweiten Weltkrieg, Köln 1991

Schwerin, C. von / Karl Schmidt: Res.-Inf. Rgt. 261 in Ost und West, Berlin 1923

Seebold, Gustav Hermann: Ein Stahlkonzern im Dritten Reich. Der Bochumer Verein 1927 – 1945, Wuppertal 1981

Wagner, Johannes Volker: Bochums Stunde Null, Ausstellungsbroschüre, Stadtarchiv Bochum 1975

Ders.: Hakenkreuz über Bochum, Bochum 1983

Ders.: Bomben auf Bochum. Eine deutsche Stadt im Zweiten Weltkrieg, in: Ders. (Hg.): Krieg als Idylle? Nationalsozialistische Propaganda im Film, 1979

Werbeck, Wolfgang: „Der Herr führt in die Hölle und wieder heraus." 1943 – 1945 – 1947. Erinnerungen, Tagebuchnotizen und Dokumente evangelischer Christen in Bochum, Bochum 1991

Wiborni, Monika: Bochum im Bombenkrieg 4. November 1944, Gudensberg 2004

Biografie

Zur Person: Günter Brakelmann

Günter Brakelmann wurde am 3. September 1931 in Bochum geboren. Er studierte evangelische Theologie, Sozial- und Geschichtswissenschaften an der Eberhard-Karls-Universität Tübingen und der Westfälischen Wilhelms-Universität in Münster. Nach seiner Promotion 1959 wurde Brakelmann zunächst Berufsschul- und Studentenpfarrer in Siegen. Von 1962 bis 1968 war er Dozent an der Evangelischen Sozialakademie in Friedewald. 1967 wurde er Wissenschaftlicher Mitarbeiter am Institut für Christliche Gesellschaftslehre der Westfälischen Wilhelms-Universität in Münster, bevor er 1970 zum Direktor der Evangelischen Akademie Berlin berufen wurde. 1972 nahm er einen Ruf auf den Lehrstuhl für Christliche Gesellschaftslehre an der Ruhr-Universität Bochum an, auf dem er bis zu seiner Emeritierung 1996 blieb. Von 1980 bis 1996 war er Direktor des Sozialwissenschaftlichen Instituts (SWI) der Evangelischen Kirche in Deutschland (EKD), das bis 2004 in Bochum angesiedelt war.

Darüber hinaus war er tätig in verschiedenen Gremien der Westfälischen Landeskirche und in der Evangelischen Kirche in Deutschland, u.a. in der Kammer der EKD für Öffentliche Verantwortung als langjähriger Vorsitzender des überparteilichen Arbeitskreises „Sicherung des Friedens". Er war Mitglied im Aufsichtsrat von Thyssen-Krupp, Salzgitter Stahl und Peiner Träger sowie im Aufsichtsrat des Westdeutschen Rundfunks und des Programmbeirats für das Erste Deutsche Fernsehen; er war berufenes Mitglied der „Unabhängigen Kommission für die künftigen Aufgaben der Bundeswehr" im Verteidigungsministeriums.

Über die Zeit seiner Emeritierung hinaus liegen seine Forschungsschwerpunkte bei Martin Luther als reformatorischem Theologen und dessen Wirkungsgeschichte in der deutschen National- und Kirchengeschichte, in der Geschichte des Antisemitismus, der Geschichte des Widerstandes gegen den Nationalsozialismus und des Verhaltens des deutschen Protestantismus insbesondere der Synode Bochum in der Zeit der beiden Weltkriege.

Im Jahr 2000 wurde Günter Brakelmann mit dem Hans-Ehrenberg-Preis ausgezeichnet. Seit 1957 ist er Mitglied der SPD.